AF094140

www.ingramcontent.com/pod-product-compliance
Lightning Source LLC
LaVergne TN
LVHW010618070526
838199LV00063BA/5185

9789358725292

اردو شاعری میں

طنز و مزاح

(مضامین)

محمد شعیب

© Mohammad Shoaib

Urdu Shairi mein Tanz-o-Mizaah (Essays)
by: Mohammad Shoaib
Edition: April '2024
Publisher :
Taemeer Publications LLC (Michigan, USA / Hyderabad, India)

ISBN 978-93-5872-529-2

مصنف یا ناشر کی پیشگی اجازت کے بغیر اس کتاب کا کوئی بھی حصہ کسی بھی شکل میں بشمول ویب سائٹ پر اَپ لوڈنگ کے لیے استعمال نہ کیا جائے۔ نیز اس کتاب پر کسی بھی قسم کے تنازع کو نمٹانے کا اختیار صرف حیدرآباد (تلنگانہ) کی عدلیہ کو ہوگا۔

کتاب	:	**اردو شاعری میں طنز و مزاح** (مضامین)
مصنف	:	**محمد شعیب**
پروف ریڈنگ / تدوین	:	اعجاز عبید
صنف	:	غیر افسانوی نثر
ناشر	:	تعمیر پبلی کیشنز (حیدرآباد، انڈیا)
سالِ اشاعت	:	۲۰۲۴ء
صفحات	:	۶۰
سرورق ڈیزائن	:	تعمیر ویب ڈیزائن

فہرست

(۱)	تمہید	6
(۲)	اودھ پنچ سے پہلے کا عہد	9
(۳)	اودھ پنچ کا عہد	22
(۴)	اکبر الہ آبادی اور ظریف لکھنوی	37
(۵)	علامہ اقبال اور جوش ملیح آبادی کی طنزیہ و مزاحیہ شاعری	49

تمہید

جس طرح خوشی اور غم کا عمل دخل تمام حیاتِ انسانی میں جاری وساری رہتا ہے، اسی طرح طنز و مزاح کو بھی زندگی میں بنیادی حیثیت حاصل ہے۔ بچہ اپنی پیدائش ہی سے رونے کے بعد جو کام سیکھتا ہے، وہ ہنسی ہے۔ اس وقت وہ کسی بھی جذبے سے آگاہی کے بغیر صرف گدگدانے پر خوشی کا اظہار کر کے اپنی جبلت کا احساس دلاتا ہے۔ انسان کے علاوہ کوئی بھی جاندار اس عمل پر قادر نہیں اور مولانا حالی نے اسی لیے غالب کو حیوانِ ظریف قرار دیا تھا۔ صرف غالب ہی نہیں بلکہ تمام انسان اس جذبے کے حامل ہوتے ہیں:

"مولانا حالی نے غالب کو اُن کی شاعری اور خطوط کے حوالے سے حیوانِ ظریف کہا تھا۔ مقصود یہ تھا کہ غالب کے جبلی اور حسّی نظام میں طنز و مزاح کو غیر معمولی دخل ہے اور ان کی کوئی بات ظرافت سے خالی نہیں ہوتی۔ لیکن ایک غالب ہی پر موقوف نہیں، دنیا کا ہر آدمی حیوانِ ظریف کہلانے کا مستحق ہے کہ شوخی و ظرافت یا ہنسنے ہنسانے کی صلاحیت، کم یا زیادہ، ہر شخص میں فطرتاً اور طبعاً پائی جاتی ہے۔ اس صلاحیت کو آدمی کے شرفِ خاص سے تعبیر کر سکتے ہیں کہ محققین کے نزدیک حیوانِ ناطق کے سوا دُوسرے حیوانات اس نعمت سے محروم ہیں۔"

[۱]

شعری اصطلاح میں طنز اور مزاح کا مفہوم جدا جدا ہے۔ راقم الحروف کے نزدیک مزاح اور طنز میں فرق کو اس طرح بیان کیا جا سکتا ہے کہ کسی کے ساتھ "مذاق کرنے" کو مزاح اور کسی کا "مذاق اُڑانے" کو طنز کہا جائے گا۔ "مذاق کرنا" اور "مذاق اُڑانا" دو الگ الگ کیفیتیں ہیں اور ان دونوں میں وہی فرق ہے جو گدگدانے اور تھپڑ لگانے میں ہے۔ مزاح (Humour)

اس وقت جنم لیتا ہے جب فارغ البالی کا دور دورہ ہو، ہر جانب سکون و اطمینان چھایا ہو اور معاشرے میں اعلیٰ انسانی اقدار، چند خرابیوں کے باوجود حیاتِ انسانی پر حاوی ہو جائیں۔ مزاح کی کونپلیں ایسا سازگار ماحول پا کر گھنا درخت بن جاتی ہیں۔ اس درخت کی شاخیں ہر جانب پھیل کر معاشرہ کے افراد کے لیے خالص مزاح کی صورت میں خوشگوار آکسیجن فراہم کرتی ہیں۔ مزاح افرادِ معاشرہ میں تحمل، بردباری، مروّت اور زندہ دلی کی خصوصیات پیدا کر کے زندگی کے پھیکے پن میں رنگ بھر کر اسے خوشگوار بنا دیتا ہے۔ مزاح نگار کے دل میں ہمدردی اور اُنس و محبت کی فراوانی، بے اعتدالیوں کو دریافت کر کے ان کا علاج میٹھے شربت سے کرتی ہے جس سے معاشرے سے آہ کے بجائے واہ کی آوازیں سنائی دیتی ہیں۔ اس بارے میں ڈاکٹر وزیر آغا لکھتے ہیں:

"۔۔۔مزاح نگار اپنی نگاہِ دوربین سے زندگی کی ان ناہمواریوں اور مضحک کیفیتوں کو دیکھ لیتا ہے جو ایک عام انسان کی نگاہوں سے اوجھل رہتی ہیں۔ دوسرے ان ناہمواریوں کی طرف مزاح نگار کے ردعمل میں کوئی استہزائی کیفیت پیدا نہیں ہوتی۔ بلکہ وہ ان سے محظوظ ہوتا اور اس ماحول کو پسند بھی کرتا ہے جس نے ان ناہمواریوں کو جنم دیا ہے۔ چنانچہ ان ناہمواریوں کی طرف اس کا زاویۂ نگاہ ہمدردانہ ہوتا ہے۔ تیسرے یہ کہ مزاح نگار اپنے "تجربے" کے اظہار میں فن کارانہ انداز اختیار کرتا ہے اور اسے سپاٹ طریق سے پیش نہیں کرتا۔۔۔"[۲]

مزاح کے برعکس طنز (Satire) کی پیدائش اس وقت ہوتی ہے جب معاشرہ بدحالی کا شکار ہو، امن و امان مفقود ہو جائے اور انسانی قدروں کی پامالی معمول بن جائے۔ ایسے ماحول میں لوگوں کی قوتِ برداشت جواب دے جاتی ہے۔ مروّت، زندہ دلی اور دیگر اوصافِ حمیدہ دم توڑ کر طنز کو جنم دیتے ہیں۔ طنز ایسے ماحول میں پروان چڑھتا ہے جہاں کئی قسم کی ناہمواریاں اپنی جڑیں مضبوطی سے گاڑ کر مستقل حیثیت اختیار کر لیں۔ طنز اپنے اردگرد پھیلے ہوئے مسائل کی اصلاح کے لیے میٹھی گولیوں کے بجائے نشتر کو استعمال میں لاتا ہے۔ طنز کی مزید وضاحت درج

ذیل اقتباس سے بخوبی ہوتی ہے:

"۔۔۔طنز کی تخریبی کارروائی صرف ناسور پر نشتر چلانے کی حد تک ہے۔اس کے بعد زخم کا مندمل ہو جانا اور فرد یا سوسائٹی کا اپنے مرض سے نجات حاصل کر لینا یقیناً اس کا بہت بڑا تعمیری کارنامہ ہے، لیکن طنز کے لیے ضروری ہے کہ یہ مزاح سے بیگانہ نہ ہو بلکہ کونین کو شکر میں لپیٹ کر پیش کرے۔ دوسرے پردہ دری اور عیب جوئی کرتے وقت لطیف فن کارانہ پیرایۂ اظہار اختیار کرے۔ تیسرے کسی خاص فرد کے عیوب کی پردہ دری کو زندگی اور سماج کی عالمگیر ناہمواریوں کی پردہ دری کا وسیلہ بنائے۔ جہاں ایسا نہیں ہوتا طنز، طنز نہیں رہتی۔ محض پھبتی، استہزاء یا ہجو کی صورت اختیار کر لیتی ہے۔۔۔۔"[۳]

اردو شاعری میں طنز و مزاح کی روایت خاصی قدیم ہے۔ لیکن اس کو جو اہمیت "اودھ پنچ" کے عہد سے جدید ترین دور تک حاصل ہوئی، اس کی جھلکیاں (چند مثالوں کے علاوہ) اس سے پہلے کی شاعری میں کم کم ملتی ہیں۔ اس کے باوجود اودھ پنچ سے پہلے کا عہد تفصیل کا طالب ہے کیونکہ آنے والے ادوار نے اسی دور سے انگلی پکڑ کر چلنا سیکھا اور اس کے بعد کہیں بھی اس کی چال میں لڑکھڑاہٹ نہیں آئی۔ یہ مقالہ دو حصوں میں تقسیم کیا گیا ہے۔ اس پہلی کتاب "اردو شاعری میں طنز و مزاح" میں چار ابواب شامل ہیں اور دوسری کتاب "اردو طنز و مزاح شاعری کے جدید دور" میں مابقی دو ابواب۔

محمد شعیب (واہ کینٹ)

فروری ۲۰۱۱ء

باب اول
اودھ پنچ سے پہلے کا عہد

اردو شاعری میں فارسی کے توسط سے کئی اصناف اور موضوعات مستقل صورت اختیار کر گئے۔ ہجو، تحریف، رندی و سرمستی، زاہد سے چھیڑ چھاڑ وغیرہ اِسی فارسی شاعری کی دین ہیں اور اردو شاعری میں طنز و مزاح کے ابتدائی نمونے انھی پیمانوں میں مقید ہو کر یکسانیت کا شکار تھے۔ اس عہد میں جو شاعر سب سے پہلے طنز و مزاح کی دستار اپنے سر پر سجاتا ہے، اس کا نام مرزا محمد جعفر تھا جسے دنیائے طنز و مزاح میں جعفر زٹلی کے نام سے شہرت حاصل ہوئی۔ بلاشبہ اس کی شاعری میں ابتذال کی کثرت تھی لیکن اولیت کی وجہ سے اس کی اہمیت سے انکار ممکن نہیں۔ یہ مغلیہ حکومت کا زمانہ تھا جو بظاہر استحکام پذیر نظر آتا تھا لیکن اس کی تہذیبی اکائیاں اندر ہی اندر زوال کا شکار تھیں۔ طاؤس و رباب نے شمشیر و سناں پر اوّلیت پا کر امرائے سلطنت کو راہِ اعتدال سے ہٹا دیا تھا جس کی وجہ سے معاشرے میں ابتری کا دور دورہ تھا۔ عوامی جذبات و احساسات کی گردنیں مار کر ان کی زبانیں کاٹی جا چکی تھیں۔ ایسے وقت میں جعفر زٹلی نے اپنے عہد کی ترجمانی کا فریضہ اس طرح انجام دیا کہ تین صدیاں گزرنے کے باوجود اس کا نام آج بھی زندہ ہے۔ عوام کی ترجمانی کرتے ہوئے اس شاعر نے جب بادشاہ کے خلاف ایک شعر کہا تو بادشاہِ وقت فرخ سیر نے بھڑک کر جعفر زٹلی کے قتل کے احکامات جاری کر دیے۔ شعر درج ذیل ہے:

سکّہ زد بر گندم و موٹھ و مٹر
پادشاہے تسمہ کش فرّخ سیر
[۴]

بادشاہ کے احکامات پر عمل کرتے ہوئے ۱۷۱۳ء میں بے باک شاعر جعفر زٹلی کو قتل کر دیا گیا[۵] جعفر زٹلی کا زیادہ تر کلام فحش اور مبتذل ہے۔ڈاکٹر انعام الحق جاوید نے جعفر زٹلی کی شاعری کے بارے میں لکھا ہے:

"۔۔۔یہ بھی ایک حقیقت ہے کہ اس (جعفر زٹلی) کے مختصر سے معروف کلام کو چھوڑ کر اس کا دیوان ہجویہ بلکہ فحش اور مغلظ طنزیہ شاعری سے بھرا پڑا ہے۔ عام لوگوں نے چونکہ جعفر زٹلی کا صرف نام سن رکھا ہے، اسے پڑھا نہیں اس لیے وہ اس کی "گھناؤنی شاعری" سے واقف نہیں۔ ثبوت کے لیے ملاحظہ ہو کلیات میر جعفر زٹلی مرتبہ ڈاکٹر نعیم احمد جسے مکمل تحقیق کے بعد شائع کیا گیا ہے۔ حال ہی میں رشید حسن خان نے اسے مزید تحقیق کے بعد توضیحات اور حواشی کے ساتھ چھاپا ہے اور اسے بھی کسی شریف آدمی کے لیے اپنے گھر میں رکھنا ممکن نہیں۔ یہ دیوان اگر بھارت کی بجائے پاکستان میں شائع ہوا ہوتا تو نہ صرف ضبط کر لیا جاتا بلکہ اس کا پبلشر بھی دھر لیا جاتا۔۔۔"[٦]

یہ وہ دور تھا جب ملک سیاسی افراتفری، اقتصادی بدحالی، سماجی بے اعتدالی اور اخلاقی بے راہ روی کا شکار ہو چکا تھا۔ غیر اقوام کی لوٹ مار نے عوام میں عدم تحفظ کا احساس بڑھا دیا تھا اور بیرونی یلغار معمول بن چکی تھی۔ اس ابتر صورتحال میں ہر شخص کی حالت ایسی تھی کہ وہ روز مرتا اور روز جیتا تھا۔ روزگار نہ ہونے کے باعث بے عملی، ناامیدی و یاس اور شکست خوردگی نے ہر گھر میں ڈیرے ڈال رکھے تھے۔ خوف اور سراسیمگی کی فضا نے تمام معاشرے کو اپنی لپیٹ میں لے کر زندگی سے فرار کی راہ دکھائی۔ یوں

شاعری میں بھی فرار کی اس فضا نے قنوطیت کو جنم دے کر جذبات کی تیز لہروں کا رُخ اپنے ماحول اور خیالی زاہد و واعظ سے چھیڑ چھاڑ کی جانب موڑ دیا۔ زاہد و محتسب سے اس چھیڑ چھاڑ کے نتیجے میں شگفتگی اور رندی و بے باکی کے مضامین کھل کر سامنے آنے لگے جو فارسی شاعری میں اس سے پہلے موجود تھے۔ بقول ڈاکٹر خواجہ محمد زکریا:

"۔۔۔دکنی شاعروں کے کلام میں واعظ اور ناصح سے چھیڑ چھاڑ کے اشعار فارسی شعرا کے تتبع میں موجود ہیں۔ یہ رودکی، میر، مصحفی، آتش، غالب، حالی وغیرہ سے ہوتی ہوئی جدید شعرا یعنی فیض وغیرہ تک پہنچتی ہے۔ ایک اور رو جس میں ظرافت نے ہزل کا روپ اختیار کر لیا ہے اور ثقاہت کے تمام نقاب الٹ دیے ہیں۔ اس کے نمائندہ جعفر زٹلی، عطا، اٹل، زانی، افسق وغیرہ ہیں۔ تیسری رو ہجویات کی ہے۔ قدیم شاعری میں طنزیہ اور مزاحیہ شاعری کے قابلِ ذکر نمونے ہجویات میں نظر آتے ہیں۔ سودا، نظیر، انشا وغیرہ کے ہاں کہیں تو ہجو معاشرے کی آلودگیوں کی پردہ دری کر کے بلند منصب پر فائز ہو گئی ہے اور کہیں ذاتیات میں اُلجھ کر اپنے مقام سے گر گئی ہے۔۔۔۔"[۷]

جب برصغیر میں اسلام کی شمع روشن ہوئی تو اس وقت خطے میں چھوٹی چھوٹی ریاستیں موجود تھیں جن پر ہندو راجے راج کرتے تھے۔ ذات پات کا نظام انسانوں کی کچھ نسلوں کو دوسروں سے بلند کیے ہوئے تھا اور کچھ لوگ جانوروں کی طرح زندگی بسر کر رہے تھے۔ برہمن، ویش، کھشتری اور شودر کی تقسیم نے انسانیت کو غلام بنا رکھا تھا۔ ایسے میں اسلام نے انسانی مساوات و برابری کا علم بلند کر کے برصغیر کے لوگوں میں شعور پیدا کیا لیکن وقت گزرنے کے ساتھ ساتھ ہندی مسلمانوں میں وہی پرانی ہندوانہ انسانی تفریق اپنی جڑیں پھیلانے لگی اور واضح طور پر دو طبقے وجود میں آ گئے۔ دینی احکام کی تربیت دینے والا علما کا طبقہ اپنے آپ کو دین کا ٹھیکیدار سمجھ بیٹھا اور عام مسلمانوں کو گناہ گار قرار دے

کر دوسرے درجے کی مخلوق قرار دیا۔ ابتدا میں ان علما کی بہت عزت و تکریم کی جاتی تھی اور ہر محفل (شادی، موت، مذہبی تہوار وغیرہ) میں ان کو نمایاں مقام حاصل ہوتا۔ اس تکریم کی وجہ سے یہ طبقہ بذاتِ خود عزت دار کہلایا اور عام مسلمان اس کو واعظ، ملاّ، محتسب، شیخ، ناصح اور مولوی کے القاب سے یاد کرنے لگے۔ انھوں نے دین میں میانہ روی کے بجائے سختی کو فروغ دیا اور لوگوں پر کفر کے فتوے لگانے شروع کر دیے جس سے ان کے خلاف بغاوت کی رسم چل نکلی۔ اردو شاعری میں شعرا نے شروع سے ہی اس تنگ نظری پر احتجاج کرتے ہوئے شیخ و ناصح کو معتوب ٹھہرایا اور فارسی شاعری کے نقشِ قدم پر چلنے لگے:

"اردو شاعری میں مذہبی تنگ نظری و سخت گیری، ملاّئیت و مولویّت کے حوالے سے بطورِ احتجاج مُلاّ، واعظ، ناصح اور اِن کے بعض متعلقات کا مذاق اُڑانے اور ان پر طنز کرنے کا رواج بہت پُرانا ہے اور فارسی سے اردو کو وِرثے میں ملا۔ چنانچہ اردو کا شاید ہی کوئی ایسا شاعر ہو جس کے یہاں واعظ و ناصح اور ان کے قبیل کے دوسرے افراد کو طنز و مزاح کا نشانہ نہ بنایا گیا ہو۔۔۔" [۸]

واعظ مخالف اشعار سے ہر عہد کے شعرا کے دیوان بھرے پڑے ہیں۔ شیخ کے ساتھ دینی فرائض اور مقدس مقامات بھی شعرا کی طنز کا شکار بنے۔ اس رسم کو کسی بھی طرح قابلِ رشک و تقلید قرار نہیں دیا جا سکتا کیونکہ اسی قبیح روایت کی وجہ سے مذہبی حلقوں میں کافی عرصے تک شاعری کو اچھی نظر سے نہیں دیکھا گیا۔ ایسی شاعری سے چند مثالیں ملاحظہ کیجیے:

ترے ابرو کی گر پہنچے خبر مسجد میں زاہد کوں
تماشا دیکھنے آوے ترا محراب سے اُٹھ کر

(ولی)

شرکتِ شیخ و برہمن سے میر
کعبہ و دیر سے بھی جایئے گا

(میر)

تقویٰ کا اس کے موسم گل نے کیا یہ رنگ
زاہد کو خانقاہ سے میخانہ لے گیا

(سودا)

دیکھ کل ان کی طرف شیخ رہا، تو بولے
خوبی قسمت کی، ہوا مجھ پہ مچھندر عاشق

یہ جو مہنت بیٹھے ہیں رادھا کے کنڈ پر
اوتار بن کے گرتے ہیں پریوں کے جھنڈ پر

(انشا)

نت پچھلے پہر اُٹھ کے اذاں دیوے ہے ملّا
فریاد سے یہ مرغِ مصلّی نہیں رہتا

ابھی نیفے کی بھڑک اس نے دکھائی کب تھی
ایک خمیازے میں زاہد کا وضو ٹوٹ گیا

(مصحفی)

وہ شیفتہ کہ دھوم تھی حضرت کے زُہد کی

میں کیا کہوں کہ رات مجھے کس کے گھر ملے

(شیفتہ)

رندِ خراب حال کو زاہد نہ چھیڑ تو

تجھ کو پرائی کیا پڑی اپنی نبیڑ تو

(ذوق)

کہاں میخانہ کا دروازہ غالب اور کہاں واعظ

پر اتنا جانتے ہیں کل وہ جاتا تھا کہ ہم نکلے

یہ کہاں کی دوستی ہے کہ بنے ہیں دوست ناصح

کوئی چارہ ساز ہوتا، کوئی غم گسار ہوتا

شورِ پندِ ناصح نے زخم پر نمک چھڑکا

آپ سے کوئی پوچھے تم نے کیا مزا پایا

(غالب)

لوگ کیوں شیخ کو کہتے ہیں کہ عیار ہے وہ

اُس کی صورت سے تو ایسا نہیں پایا جاتا

شیخ رندوں میں بھی ہیں کچھ پاکباز

سب کو ملزم تو نے ٹھہرایا عبث

آنکلتے تھے کبھی مسجد میں ہم

تونے زاہد ہم کو شرمایا عبث

(حالی)

اس عہد کی شاعری میں جہاں جہاں شگفتگی و ظرافت موجود ہے وہاں زاہد کے مقابلے میں رندی و سر مستی کو نمایاں کیا گیا ہے۔ شعرا نے رندی و سر مستی کو ایک مستقل موضوع کے طور پر اختیار کر کے تبسم زیرِ لب کی کیفیات پیدا کر دیں۔ یہ اندازِ فکر اپنے اندر حالات کی سنگینی سے کچھ دیر چھٹکارا حاصل کرنے کی قوت سے لبریز ہے۔ ایک تو مے نوشی کا اپنا خاصہ ہے کہ یہ انسان کو اپنے گردو پیش سے لاتعلق کر دیتی ہے، دوسرا شاعری میں رندی کے مظاہرے اس لیے بھی عام ہیں کہ واعظ اس کے نام سے بھی پُرخاش رکھتا ہے:

کیا کام ہم کو سجدۂ دیر و حرم کے ساتھ
مستوں کا سر جھکے ہے صراحی کے خم کے ساتھ

(انشا)

کیفیت چشم اس کی مجھے یاد ہے سودا
ساغر کو مرے ہاتھ سے لینا کہ چلا میں

(سودا)

مجھ رند کو حلال ہے، گو مے حرام ہو
پیرِ مغاں کا حکم ہے اس میں جواز کا

شرابِ خلد کی خاطر دہن ہے رکھتا صاف
وضو میں ورنہ یہ زاہد غرارہ کیا کرتا

(آتش)

میں اور بزمِ مے سے یوں تشنہ کام آؤں!
گر میں نے کی تھی توبہ، ساقی کو کیا ہوا تھا

قرض کی پیتے تھے مے لیکن سمجھتے تھے کہ ہاں
رنگ لائے گی ہماری فاقہ مستی ایک دن

(غالب)

جہاں میں بزم نہیں مے کدے سے رنگیں تر
دھری شراب ہے، بیٹھے ہیں جابہ جا ساقی

یہاں تو اور کسی چیز سے نہیں مطلب
ہمارا جام تو مقصد ہے، مدعا ساقی

رندی و مستی و مے خواری و شاہد بازی
فرصتِ عمر تو کم اور مجھے کام بہت

(مجروح)

اوّلین طنزیہ و مزاحیہ اردو شاعری کا ایک اور پہلو محبوب و معشوق کے ساتھ چھیڑ چھاڑ ہے۔ جب معشوق اپنے عاشق سے التفات نہیں برتتا تو عاشق اس کو جلی کٹی سنانے لگ جاتا ہے۔ ایسے مواقع طنز و مزاح کو جنم دیتے ہیں اور محبوب اس چھیڑ چھاڑ سے لطف اندوز ہونے کے ساتھ چڑ کر مزید بے پروائی کا مظاہرہ کرنے لگ جاتا ہے۔ مثلاً:

دیوار پھاند نے میں دیکھو گے کام میرا
جب دھم سے آ کہوں گا، صاحب سلام میرا

ہمسائے آپ کے میں لیتا ہوں اک حویلی
اس شہر میں ہوا گر چندے قیام میرا

اچھا مجھے ستاؤ جتنا کہ چاہو، میں بھی
سمجھوں گا، گر ہے انشاء اللہ نام میرا
(انشا)

بے پردہ ہو نہ ظالم! ہو جائے گی قیامت
اک تو یہ شکل تس پر یہ سن و سال تیرا
(مصحفی)

ترے وعدے پہ جئے ہم، تو یہ جان جھوٹ جانا
کہ خوشی سے مر نہ جاتے اگر اعتبار ہوتا

جمع کرتے ہو کیوں رقیبوں کو؟
اِک تماشا ہوا، گلا نہ ہوا
(غالب)

وہ پری رو نہ کیوں ہو ہر جائی
آدمی ہو تو آدمیت ہو

بے نمک ہے یہ شر مگیں رہنا
کچھ تو معشوق میں شرارت ہو
(مجروح)

شہر آشوب اور ہجویات میں طنزیہ و مزاحیہ شاعری کے جو نمونے ملتے ہیں ان میں فریقِ مخالف پر حملوں اور معاصرانہ چشمکوں کی کارستانیاں نمایاں ہیں۔ شہروں کے لٹنے، عوام کی اخلاقی ابتری اور بے روزگاری و خستہ حالی پر لکھے گئے شہر آشوب جہاں اپنے اندر درد و الم کی لہریں سموئے ہوئے ہیں وہیں سے طنز و مزاح کے کچھ چشمے بھی پھوٹ نکلتے ہیں۔ میر و سودا اور انشا و مصحفی کے درمیان معاصرانہ چپقلش سے وجود میں آنے والی ہجویات کے نمونے طنز و مزاح کی غیر شعوری کوششوں کی مثالیں ہیں۔ اس حوالے سے ادبی مجلّے "نقوش" کے مدیر محمد طفیل نے نقوش کے "طنز و مزاح نمبر" اور "ادبی معرکے نمبر" شائع کر کے گراں قدر خدمات انجام دی ہیں۔

اودھ پنچ کے عہد سے پہلے طنزیہ و مزاحیہ شاعری میں نظیر اکبر آبادی (شیخ ولی محمد) کی آواز دوسروں سے الگ سنائی دیتی ہے۔ ان کی شاعری کا کمال یہ ہے کہ انھوں نے اپنی طویل زندگی کے نشیب و فراز اور زمانے کی مختلف تصاویر کو شاعری میں نقش کر دیا۔ اپنے گرد و پیش کے مناظر کی منظر نگاری کو عوامی زبان اور لہجہ دے کر نظیر نے طنز و مزاح کے ایک جُدا اور مانوس دبستان کی بنیاد رکھی جو صدیاں گزرنے کے باوجود اپنی انفرادیت قائم رکھے ہوئے ہے۔ اپنے عہد کے مزاج اور انسانی نفسیات و محسوسات کی نقش نگاری کے نمونے ان کی نظموں روٹی نامہ، آدمی نامہ، پیسہ نامہ، مفلسی، خوشامد وغیرہ میں ملتے ہیں۔ ڈاکٹر غلام حسین ذوالفقار ان کی نظموں کے متعلق اپنی رائے یوں دیتے ہیں:

"نظیر نے اپنی جولانیِ طبع کا ثبوت مختلف النوع نظموں میں دیا ہے۔ یہ نظمیں نظیر کے سیاسی ماحول اور معاشرے کے مختلف پہلوؤں کی ترجمانی کرتی ہیں۔ ان میں نظیر کے مشاہدے اور تجربے کا جوہر موجود ہے جو انھوں نے زندگی کے رنگا رنگ ہنگاموں، اعلیٰ مجلسوں اور عوامی میلوں ٹھیلوں، ہندوستان کے مختلف مذہبوں، فرقوں اور طریقوں کے معتقدات، رسم و رواج اور ان کے باہمی میل جول کو دیکھ کر انسان اور اس کی معاشرت کے بارے میں حاصل کیا۔۔۔ نظیر کی فطری زندہ دلی اور شگفتہ مزاجی ہر رنگ اور ہر روپ میں کہیں کم کہیں زیادہ ظاہر ہو ہی جاتی ہے۔۔۔"[۹]

نظیر کی شاعری کا تفصیلی جائزہ "انور مسعود اور نظیر اکبر آبادی: تقابلی مطالعہ" کے عنوان سے اس مقالہ کے باب سوم میں موجود ہے۔

طنز و مزاح کے اس دور کا ایک ممتاز نمائندہ غالب ہے۔ غالب کی طبیعت میں پائی جانے والی شگفتگی کا عکس ان کی شاعری میں نکتہ آرائی کی صورت میں ملتا ہے۔ غالب کی شگفتگی ان کی خانگی زندگی کے مصائب و مسائل کو نظر انداز کرنے کی وجہ سے پیدا ہوتی ہے۔ اس کا اظہار طنز کی شکل میں ان کی غزلیات کے کئی مطلعوں میں موجود ہے:

بے خودی بے سبب نہیں غالب
کچھ تو ہے جس کی پردہ داری ہے

ہم کہاں کے دانا تھے، کس ہنر میں یکتا تھے
بے سبب ہوا غالب! دشمن آسماں اپنا

کہتے ہیں جیتے ہیں امید پہ لوگ

ہم کو جینے کی بھی امید نہیں

جس وقت غالب کو اپنی طبع کا کوئی شخص نہیں ملتا تو وہ دنیا سے دور ہونے کی خواہش کرنے لگتے ہیں۔ اس حالتِ دل گرفتگی میں انھیں کوئی بھی ملتا ہے، وہ اس سے مزید دل برداشتہ ہو کر جو کچھ کہنے پر مجبور ہوتے ہیں، اس میں دردمندی کے ساتھ ایک شگفتگی کی کیفیت بھی در آتی ہے جو کُڑھنے سے پیدا ہوتی ہے:

رہیئے اب ایسی جگہ چل کر جہاں کوئی نہ ہو
ہم سخن کوئی نہ ہو اور ہم زباں کوئی نہ ہو

بے در و دیوار سا اک گھر بنایا چاہیئے
کوئی ہمسایہ نہ ہو اور پاسباں کوئی نہ ہو

پڑیے گر بیمار تو کوئی نہ ہو تیمار دار
اور اگر مر جایئے تو نوحہ خواں کوئی نہ ہو

اللہ تعالیٰ کے ساتھ براہِ راست شگفتگی کا مظاہرہ اور وہ بھی بڑی خوبصورت ادا کے ساتھ، غالب کے کمالِ فن اور تخیّل کی بلند پروازی کا حاصل ہے۔ غالب کا واعظ و ناصح پر تنقید کرنے کے ساتھ فرشتوں کے لکھے پر پکڑے جانا اور دل کے خوش رکھنے کو جنت کا اچھا خیال کہہ دینا ان کی نکتہ آرائی کا ایک شگفتہ پہلو ہے:

ہم کو معلوم ہے جنت کی حقیقت لیکن
دل کے خوش رکھنے کو غالب یہ خیال اچھا ہے

پکڑے جاتے ہیں فرشتوں کے لکھے پر ناحق
آدمی کوئی ہمارا دمِ تحریر بھی تھا

کیا فرض ہے کہ سب کو ملے ایک سا جواب
آؤ نہ ہم بھی سیر کریں کوہِ طور کی

غالب کی وفات (۱۸۶۹ء) سے قبل ہی اردو میں پنچ اخبارات ورسائل کا آغاز ہو چکا تھا اور "اودھ پنچ" سے پہلے کئی پنچ اخبارات ورسائل میدانِ صحافت میں آچکے تھے۔ ان کے مضامین، خبروں اور شاعری میں عامیانہ پن زیادہ ہونے کے باعث عوامی حلقوں میں ان کو وہ پذیرائی حاصل نہ ہو سکی جو ان کے بعد آنے والے پنچ اخبارات کو ملی۔ اودھ پنچ سے پہلے شائع ہونے والے چند اخبارات درج ذیل ہیں:

ا۔ "مذاق" رامپور ۱۸۵۵ء

۲۔ "مدراس پنچ" مدراس ۱۸۵۹ء

۳۔ "فرحت الاحباب" بمبئی ۱۸۷۶ء

۴۔ "روہیل کھنڈ پنچ" مراد آباد ۱۸۷۶ء

۵۔ "بہار پنچ" پٹنہ ۱۸۷۶ء

* * *

باب دوم
اودھ پنچ کا عہد

۷ جنوری ۱۸۷۷ء کو لکھنؤ سے جس تاریخی طنزیہ و مزاحیہ رسالے کا اجرا ہوا وہ "اودھ پنچ" کے نام سے مقبول ہوا۔ اس کے مالک و ایڈیٹر منشی سجاد حسین تھے۔ اودھ پنچ نے اردو ادب میں طنز و مزاح کی راہوں کو وسعت دی اور پرانی روشوں کے ساتھ ایک الگ راستے پر چلنے کی ابتدا کی۔ ۱۸۵۷ء کی جنگ آزادی کے بعد ہندوستانی معاشرے کی اقدار کی زبوں حالی کے ساتھ زندگی کے ہر شعبہ میں انگریزوں کی نقالی سے تبدیلیاں رونما ہونے لگی تھیں۔ اس دور میں انگریزوں کے ساتھ مصالحت کی تحریکیں چلنے لگیں۔ مرد و زن کے انداز گفتگو، وضع قطع اور لباس میں جدّت آنے لگی۔ زبان میں انگریزی الفاظ کا استعمال عام ہو گیا اور ادب میں کئی مغربی اصناف کا ظہور ہوا۔ ایسے وقت میں اودھ پنچ نے طنز و مزاح کے ذریعے ہندوستانیوں کی ہر بے ڈھنگی چال پر تیر چلائے اور انگریزوں کی حمایت میں بولنے والوں کو آڑے ہاتھوں لیا۔ یہ پرچہ اجنبی حکومت کے خلاف تو تھا ہی لیکن ان لوگوں پر بھی طنزیہ حملے کرتا، جو ہندوستانی ہو کر انگریزی لبادہ اوڑھنے کی حمایت کرتے تھے۔ اس نے قومی معاملات اور عوامی مسائل کو بھی نظر انداز نہ کیا اور بڑھ چڑھ کر مشرقی تہذیب کے حق میں نعرے لگائے۔ بقول ڈاکٹر وزیر آغا:

"۔۔۔ اس دور میں معاشرے کی پرسکون سطح کے نیچے سیاسی اور سماجی بیداری کا جو

کوہِ آتشیں سلگ رہا تھا وہ اس صدی کے نصف آخر میں دو بڑے ہنگاموں کی صورت میں نمودار ہوا۔ ان میں سے ایک ہنگامہ تو ۱۸۵۷ء کے غدر کے نام سے مشہور ہوا اور یہ ایک مٹتی ہوئی سلطنت کی آخری کروٹ کی حیثیت رکھتا ہے۔ دوسرا ہنگامہ آزادی کی وہ پُر امن جدوجہد ہے جو ایک نمایاں سیاسی اور سماجی بیداری کی پیداوار تھی اور جس کا سب سے بڑا مظہر وہ اخبار تھا جس نے "اودھ پنچ" کے نام سے نہ صرف اجنبی حکومت اور اجنبی تہذیب کو ہدفِ طنز بنانے کی سعی کا آغاز کیا بلکہ جس نے عام سوشل اور ملکی معاملات کے بارے میں بڑے بے باکانہ انداز میں الفاظ کا جامہ پہنایا۔"[۱۰]

"اودھ پنچ" صرف ایک اخبار نہ تھا بلکہ یہ اپنے مقاصد سے لگن کی وجہ سے ایک منظم تحریک کی صورت میں سارے ہندوستان میں پھیل گیا۔ یہ وہ وقت تھا جب انگریز سرکار کے خلاف زبان کھولنے کی پاداش میں کالے پانیوں کی نذر کر دیا جاتا تھا اور مختلف قسم کی انسانیت سوز سزائیں مقدر ہو جایا کرتی تھیں۔ اودھ پنچ نے ان سازشوں کے خلاف لوگوں کو جو زبان دی اس کا لب و لہجہ مزاحیہ تھا لیکن طنز کی زہرناکی اس میں کوٹ کوٹ کر بھری ہوئی تھی۔ یہ اخبار عوام کو خبریں پہنچانے کا ذریعہ تھا اور ان کے جذبات کا پُر خلوص ترجمان بھی۔ اودھ پنچ نے اپنا رشتہ قدیم مشرقی تہذیب سے جوڑ رکھا تھا اور اس کے طناز اسی روایت کے پاسبان تھے۔

اودھ پنچ کی ایک اور خدمت یہ ہے کہ اس نے اپنے عہد میں ہر طرف چھائی ہوئی سنجیدگی اور مایوسی کی دبیز تہ کو یک لخت توڑ کر ہنسی مذاق اور امید و رجا کی روشنی سے مالا مال کیا۔ اس کی سعیٔ جاندار سے بجھے ہوئے چہروں پر رونق عود کر آئی اور زندگی کے تمام معاملات میں دلچسپی و دلجمعی کا عنصر غالب آنے لگا۔ اودھ پنچ کی رہنمائی نے مغربی تہذیب کی منہ زور لہروں کے رُخ پر مضبوطی سے بند باندھے رکھا اور انگریزوں کی اندھی تقلید

کرنے والوں کو طنز کے تیز دھار بھالوں سے چھلنی کر ڈالا۔

اودھ پنچ ۳۵ سال تک منشی سجاد حسین کی ادارت میں اپنی سحر بیانی اور طنز و ظرافت کے جوہر دکھاتا رہا۔ اس عرصے میں سجاد حسین کی صحت برقرار نہ رہی اور ان پر فالج کے دو حملے ہوئے۔ پہلا حملہ ۱۹۰۱ء میں ہوا جس سے جانبر ہو گئے لیکن صرف تین سال بعد ۱۹۰۴ء میں دوسرا شدید حملہ ہوا جس نے آخر کار ان سے قوتِ گویائی بھی چھین لی۔ اودھ پنچ میں لکھنے والے کئی ادیب و شعرا نے پہلے ہی لکھنا چھوڑ دیا تھا اور جو باقی تھے ان کے قلم میں پہلی سی کاٹ اور ولولہ نہ رہا تھا۔ اس طرح ۱۹۱۲ء میں منشی سجاد حسین کی زندگی ہی میں اودھ پنچ کی اشاعت رُک گئی اور اس اخبار کا پہلا دور بھی یہیں ختم ہوتا ہے۔

اودھ پنچ کا دوسرا دور ۱۹۱۶ء سے شروع ہوتا ہے جب اس کا نظم و نسق حکیم ممتاز حسین عثمانی نے سنبھالا۔ ان کی کوششوں سے یہ اخبار چل نکلا لیکن اس میں پہلی سی شادابی نہ آسکی اور اس کو اس طرح کے لکھنے والے بھی نصیب نہ ہو سکے جن کے جاندار تخیئل کے سوتے اس کو ہرا بھرا رکھے ہوئے تھے۔ ۱۷ سال تک حکیم موصوف نے اس کو سہارا دیے رکھا لیکن ۱۹۳۳ء میں وہ بھی انتقال کر گئے۔ ان کے بعد ظہیر حیدر نے اس کی ادارت اپنے ہاتھ میں لی اور اودھ پنچ کو پہلے جیسا شوخ بنانے کی کوشش کرتے رہے مگر ان کی تمام کوششیں اس وقت دم توڑ گئیں جب وہ بھی دنیائے فانی کو خیر باد کہہ گئے۔ اس طرح ۱۹۳۴ء میں اودھ پنچ نے ہمیشہ کے لیے دنیائے طنز و مزاح سے ناتا توڑ لیا۔

اودھ پنچ کے اہم طنّاز و مزاح نگار شعرا میں اکبر الہ آبادی، تربھون ناتھ ہجر، عبد الغفور شہباز، احمد علی شوق، مرزا مچھو بیگ ستم ظریف، ظریف لکھنوی، فضل ستّار لا اُبالی وغیرہ شامل ہیں۔ ان شعرا نے اپنے عہد کے جن موضوعات پر سب سے زیادہ طنز کے تیر برسائے، ان کا مختصر جائزہ درج ذیل ہے۔

اودھ پنچ کے اہم موضوعات

اودھ پنچ کی سب سے بڑی خصوصیت یہ تھی کہ اس میں ہر طرح کا رجحان رکھنے والوں کی دلچسپی کا سامان موجود ہوتا تھا۔ اس کے موضوعات معاصر رسائل و جرائد کے مقابلے میں متنوع تھے اور ان میں تبصرے کا طریقہ کار اختیار کیا جاتا تھا جس کے ذریعے قارئین کے افکار و اذہان کی پرورش اور اپنے نظریات کی حمایت مقصود تھی۔ اس کی نثر اور شاعری دونوں کا رنگ یکساں تھا اور اس کے تیز و طرار ظرافت نگار زندگی کے ہر زاویے سے مزاح کشید کر لیتے تھے۔ اس کے مزاح نگاروں کے طرزِ مزاح پر ڈاکٹر ظفر عالم ظفری تبصرہ کرتے ہوئے لکھتے ہیں:

"اودھ پنچ کے ہنسوڑ قلمکاروں کا کمالِ قلمکاری یہ ہے کہ وہ ہر موضوع میں کہیں نہ کہیں مزاح یا تمسخر کا پہلو نکال لیتے ہیں۔ کبھی وہ صرف تجزیے تک محدود رہتے ہیں کہیں ایک قدم آگے رکھا تو ظرافت کی محفلیں قائم کر دیں۔ تھوڑا شوخ ہوئے پھبتی کس دی، ناراض ہوئے تو طنز میں شدت آگئی اور اگر اختلافات میں شدت آئی تو گالی گلوچ، بدزبانی، پگڑی اچھالنا، ذلیل ورسوا کرنا بھی ان سے بعید نہ تھا۔ جو ان کے حملوں کا شکار ہوا منہ بسورتا ہی رہ گیا۔ "اودھ پنچ" کا طنز، مزاح اور ظرافت بعض اوقات شدت کی وجہ سے معیار سے گر جاتی ہے لیکن جہاں کہیں ان کا لب و لہجہ تہذیب کے دائرے میں رہا۔ قلم نے زہر افشانی نہیں کی وہاں ان کی ظرافت فن کی بلندیوں کو چھو لیتی ہے۔"[۱۱]

اودھ پنچ کے اہم موضوعات میں سب سے پہلے سر سیّد اور ان کی تحریک آتے ہیں۔ سر سیّد کی شخصیت پر کئی اعتراضات کیے جاتے رہے۔ کبھی انھیں نیچری کہا گیا، کبھی انگریزوں کا پٹھو اور کئی لوگوں نے ان پر کفر کے فتوے تک لگا دیے۔ ۱۸۵۷ء کے بعد سر سید نیمسلمانوں کے سیاسی، تعلیمی اور معاشی حالات کی بہتری کی جانب اپنی توجہ مبذول

کی تو انھیں انگریزوں کی طرف دوستی کا ہاتھ بڑھانے میں عافیت نظر آئی۔ اس مقصد کے حصول کے لیے سرسید نے کئی اقدامات کیے۔ اسی سلسلے کی ایک کڑی ان کا رسالہ "تہذیب الاخلاق" تھا جس میں مذہبی، ادبی، علمی اور اصلاحی نوعیت کے مضامین ہوتے تھے۔ انھوں نے لوگوں سے چندے مانگ کر اصلاحی کاموں کا آغاز کیا جن میں ان کی تعلیمی کاوشیں سب سے نمایاں ہیں اور یہ سارا کام تحریک علی گڑھ کے نام سے مشہور ہوا۔

اودھ پنچ کے قلمکار سر سیّد اور ان کی تحریک کے شروع دن سے سخت مخالف تھے۔ سر سیّد کے نظریات ان کو چین نہ لینے دیتے اور اس کے مخالف تحاریر، نثر و نظم کی صورت میں بڑھ چڑھ کر سامنے آتی تھیں۔ ایسی تحریروں کے مطالعے سے اندازہ ہوتا ہے کہ سرسید اور ان کی تحریک کے خلاف پرچار کرنا اودھ پنچ کا مشن تھا۔ سر سیّد کے ساتھی بھی اس مخالفت کا خوب نشانہ بنتے اور ان پر انتہائی رکیک حملے کیے جاتے جو کسی بھی لحاظ سے تہذیب کے دائرے میں نہیں آتے بلکہ یہ توہین کا ایک انداز تھا۔ اودھ پنچ کے اہم طناز شاعر اکبر الہٰ آبادی، سر سیّد پر تلخ و ترش ظریفانہ حملے کرنے والوں کے گروہ میں پیش پیش رہے۔ سر سیّد کے خلاف اودھ پنچ کے شعرا کے درج ذیل اشعار دیکھیے:

کر گئے تھے حضرتِ سیّد عقیدوں کو درست
چرخ نے رسموں کا بھی آخر صفایا کر دیا

ایمان بیچنے پہ ہیں اب سب تلے ہوئے
لیکن خرید ہو جو علی گڑھ کے بھاؤ سے

اتحادِ باہمی اس ملک میں آساں نہیں

کوئی سر سید ہے، کوئی بابو آشوتوش ہے

ابتدا کی جنابِ سیّد نے
جن کے کالج کا اتنا نام ہوا
انتہا یونیورسٹی پہ ہوئی
قوم کا کام اب تمام ہوا
(اکبر الٰہ آبادی)

بنتے ہیں بہت مذہب و ملت کے ہوا خواہ
کرتے ہیں وصول آ کے بہت قوم سے چندے
(عبد الغفور شہباز)

اس پرانی روش سے ہاتھ اُٹھاؤ
چاہیئے اس سے پہلے بیزاری
"پیرِ نیچر" سے پھر کرو بیعت
چوم لو دوڑ کر گلا بھاری
کوٹ پتلون لے کے ایک کبڑی
لال ٹوپی کی اس پہ دمداری!
خوب گزرے گی چین سے دنیا
ایک ذرا سی ہے دین کی خواری
ارے کیسا عذاب کیسا ثواب
"پیرِ نیچر" کی ہے عملداری

کبھی مسجد میں جا کے وعظ کہے
سر پہ عمامہ باندھ کے بھاری
کبھی گرجا میں بن کے جنٹل مین
پادری صاحبوں سے ہو یاری
(مرزا مچھو بیگ ستم ظریف)

جب حملہ آور قوم کسی خطے پر قابض ہوتی ہے تو اس کا سب سے پہلا قدم محکوم قوم کے لوگوں کی زبان اور ان کے اذہان کو تبدیل کرنے کی کوشش ہوتا ہے۔ اس کام کے لیے تعلیمی نظام کو اپنی مرضی سے رائج کیا جاتا ہے جس کو پڑھ کر نئی نسل مکمل طور پر مطلوبہ نتائج دیتی ہے۔ انگریزوں نے بھی ہندوستان پر قبضہ کرنے کے بعد تعلیمی نظام کا رُخ لارڈ میکالے کے نظریات کی جانب موڑ دیا۔ معاشی ترقی کے لیے اس تعلیم کا حصول ناگزیر ہو گیا اور جس قوم کے لوگ فرنگیوں کے سخت مخالف تھے ان کے بچے انگریزی تعلیم حاصل کرنے کے بعد انگریزوں کے ذہنی غلام بن کر اُبھرے۔ "اودھ پنچ" کے شاعروں نے انگریزی زبان اور تعلیم پر بہت کچھ کہا۔ ان میں اکبر پیش پیش تھے اور ان کے ایسے کئی اشعار مقبولیت کی انتہاؤں تک پہنچے جن میں انگریزی تعلیم کو ہدفِ تنقید بنایا گیا تھا۔ مثلاً:

تعلیم جو دی جاتی ہے ہمیں وہ کیا ہے فقط بازاری ہے
جو عقل سکھائی جاتی ہے وہ کیا ہے، فقط سرکاری ہے

رنگ چہرے کا تو کالج نے بھی رکھا قائم
رنگِ مذہب میں مگر باپ سے بیٹا نہ ملا

نئی تعلیم کو کیا واسطہ ہے آدمیت سے
جناب ڈارون کو حضرت آدم سے کیا مطلب
(اکبر الہ آبادی)

انگریز اپنے اقتدار کے ساتھ جو تحائف لائے ان میں سب سے ضرر رساں تحفہ جدید تہذیب و تمدن تھا۔ بعد میں اس کو مغربی تہذیب کے نام سے پکارا جانے لگا۔ نئی تہذیب کی آمد کے بعد ہندوستانی معاشرے میں دو بڑے طبقے سامنے آئے۔ پہلا طبقہ ان لوگوں کا تھا جس میں اس نئی تہذیب کو قبول کرنے کی تاب نہ تھی۔ اس طبقے نے اپنی قدیم روایات اور اقدار کو چھوڑنا کسی صورت گوارا نہ کیا اور حتی المقدور جدید تہذیب کی مخالفت بھی کی۔ اس کے برعکس دوسرا طبقہ جدید مغربی تہذیب کا گرویدہ ہو گیا اور انگریزوں کی ہر ادا پر مر مٹنے لگا۔ ان کا رہن سہن، کھانے پینے کے طریقے، لباس و پہناوے، بول چال اور نشست وبرخاست وغیرہ انگریزوں کے سانچے میں ڈھلنے لگے۔ اِن کی اس بے ڈھنگی چال پر اودھ پنچ کے مزاح نگاروں نے ایسے وار کیے جن کی تلخی اس کے معاصر پنچ اخبارات ورسائل میں مشکل سے ملتی ہے۔ اودھ پنچ کے اسی انداز نے عوام وخواص سے قبولِ عام کی سند پائی۔ اس کے شعرا مغرب کے مقابلے میں مشرق کے داعی تھے اور وہ مغربی تہذیب کے کسی پہلو پر ضرب لگانے سے گریز نہ کرتے تھے۔ مغربی تہذیب پر حملوں کی چند مثالیں دیکھیے:

چھوڑ لٹریچر کو اپنی ہسٹری کو بھول جا
شیخ و مسجد سے تعلق ترک کر اسکول جا
چار دن کی زندگی ہے کوفت سے کیا فائدہ
کھا ڈبل روٹی، کلرکی کر، خوشی سے پھول جا

یہ موجودہ طریقے راہی ملکِ عدم ہوں گے
نئی تہذیب ہوگی اور نئے ساماں بہم ہوں گے
عقائد پر قیامت آئے گی ترمیمِ ملت سے
نیا کعبہ بنے گا، مغربی پتلے صنم ہوں گے

ہوئے اس قدر مہذب کبھی گھر کا منہ نہ دیکھا
کٹی عمر ہوٹلوں میں، مرے ہسپتال جا کر
(اکبر الہ آبادی)
ہوائے مغربی ہے تجھ میں کتنا جذبِ پنہانی
دھرم ہندو کا غائب اور مسلماں کی مسلمانی
سمندر پھاند کر اک لہر ایسی ہند میں آئی
پہنچ کر جس نے ٹھنڈا کر دیا سب جوشِ ایمانی
مساوات اس کو کہتے ہیں نئی تہذیب کیا کہنا
کہ یکساں ہوگئی صورت زنانی اور مردانی
(ظریف لکھنوی)

اسلام میں پردے کی اہمیت کے پیشِ نظر ہندوستان کی مسلمان خواتین کے ساتھ ہندو اور دوسرے مذاہب کی عورتوں میں بھی حجاب کا رواج پڑ چکا تھا اور اس نے ہندوستانی تہذیب کے ایک عنصر کی حیثیت اختیار کر لی تھی۔ جب برصغیر پر فرنگی یلغار ہوئی تو حکمرانی کے نشے میں چور، انگریزوں کی عورتیں بھی مفتوح ملک میں داخل ہوئیں۔

انگریزوں میں مادی ترقی کے ساتھ خواتین و حضرات کی مادر پدر آزادی اپنے عروج پر پہنچ کر پردے کے تصور سے بھی آزاد ہو چکی تھی۔ تہذیبِ فرنگی کی نمائندگی کرنے والی انگریز خواتین جب ہندوستان کے گلی کوچوں میں اپنے حسنِ بے باک کے جلوے دکھانے لگیں تو ان کی نام نہاد آزادی کو دیکھتے ہوئے ہندوستانی لیلائیں بھی آہستہ آہستہ مغربی رنگ ڈھنگ کی دیوانی بنتی گئیں۔ ایک مخصوص طبقے کی روشن خیالی اور انگریزوں کی نقالی کی وجہ سے حوصلہ پکڑتے ہوئے کچھ عرصے بعد مغربی تعلیم سے آراستہ ہونے والی بہو بیٹیاں پردے کو مردوں کی عقل پر ڈال کر سرِ بازار نظر آنے لگیں۔ اودھ پنچ کے ابتدائی سالوں میں بے پردگی کا یہ رجحان اتنا زیادہ بڑھ گیا کہ اس کے شعرا نے خواتین کی بے پردگی کو مستقل موضوع کے طور پر اختیار کر کے اس رجحان کی حوصلہ شکنی کا بیڑا اٹھایا:

خدا کے فضل سے بی بی میاں دونوں مہذب ہیں
حجاب اس کو نہیں آتا، انھیں غصہ نہیں آتا

حسرت بہت ترقیِ دختر کی تھی انھیں
پردہ جو اٹھ گیا تو وہ آخر نکل گئی

بے پردہ کل جو آئیں نظر چند بیبیاں
اکبر زمیں میں غیرتِ قومی سے گڑ گیا
پوچھا جو ان سے آپ کا پردہ وہ کیا ہوا
کہنے لگیں کہ عقل پہ مردوں کی پڑ گیا
(اکبر الٰہ آبادی)

کسی قوم کی پس ماندگی، افلاس، پستی، غلامی اور بے راہ روی کا سب سے بڑا سبب کاہلی وسستی ہوتا ہے۔ اس عیب کی حامل قومیں زندگی کے ہر میدان میں پیچھے رہ جانے کے ساتھ اپنا وجود بھی کھو بیٹھتی ہیں اور تاریخ سے ان کا نام ونشان تک مٹ جاتا ہے۔ اس دور میں ہندوستان کی تقریباً تمام اقوام کا عام اور کثیر التعداد طبقہ سخت کوشی سے جی چرانے اور نکما رہنے کو ترجیح دیتا تھا۔ ہر شخص کی کوشش ہوتی تھی کہ وہ دوسروں کے مال پر عیش اڑائے اور اسے خود کسی قسم کی محنت کے بغیر سب کچھ حاصل ہوتا رہے۔ اس عادتِ بد کے اثرات نے ان کو آزادی کی اہمیت سے بے نیاز کر دیا اور قدرت نے سزا کے طور پر ان کو غلامی کی ذلت آمیز تاریکیوں میں دھکیل کر سبق سکھانے کا فیصلہ کیا۔ اودھ پنچ کے لکھاریوں نے ہندوستانیوں کی سستی و کاہلی پر سخت تنقید کی اور انھیں ایک دوسرے پر انحصار کرنے کے بجائے اپنی مدد آپ کرنے کا درس دیا۔

سیاست، اودھ پنچ کا سب سے اہم ہدف اور ایک مستقل موضوع رہا۔ ناموارانِ اودھ پنچ نے سیاست اور اس کے کھلاڑیوں کے داؤ پیچ سے عامۃ الناس کو آگاہ کیا۔ انھوں نے سیاست دانوں کی ذہنیت کا پردہ چاک کرتے ہوئے ان کے طرزِ عمل پر چوٹیں لگائیں۔ سیاست کے متعلقات مثلاً الیکشن، ووٹ، ووٹر، ممبر، اسمبلی وغیرہ پر مکمل نظمیں کہی گئیں جن میں ان کی جزئیات میں جا کر قوم وملک کے لیے ان کی بے وقعتی آشکار کی گئی۔ اودھ پنچ کے اہم شعرا کے کلام سے سیاست اور اس کے متعلقات کی کچھ شعری تصاویر درج ذیل ہیں:

ممبری سے آپ پر تو وارنش ہو جائے گی
قوم کی حالت میں کچھ اس سے جلا ہو یا نہ ہو

اک دل لگی ہے وقت گزرنے کے واسطے
دیکھو تو ممبروں کے ذرا ہیر پھیر کو
ایسی کمیٹیوں سے ہے پھل کا امیدوار
اکبر درخت سمجھا ہے پتوں کے ڈھیر کو
(اکبر الہ آبادی)

"قوم کے غدّار"

ہمیشہ اک نہ اک دینے نیا آزار بیٹھے ہیں
جہاں بھی صدر بن کر قوم کے غدار بیٹھے ہیں
لگائیں گے یہ بیڑا پار کیا کشتی ڈبو دیں گے
جو قومی ناؤ کھینے تھام کر پتوار بیٹھے ہیں
(ظریف لکھنوی)

شیخ و محتسب اور واعظ پر ہر دور کی طرح اودھ پنچ کے زمانے میں بھی طعن و تشنیع کی گئی۔ اس زمانے میں معاشرے کا یہ طبقہ مغربی تہذیب کے خلاف تھا لیکن اس میں بھی کچھ لوگ ایسے تھے جو مشرقی و مغربی دونوں تہذیبوں کو ساتھ لے کر چلنے کے خواہش مند تھے۔ یہاں دوسری قسم کے زاہدوں پر طنز کی گئی:

شیخ کی دعوت میں مے کا کام کیا
احتیاطاً کچھ منگالی جائے گی

مولوی صاحب نہ چھوڑیں گے خدا گو بخش دے
گھیر ہی لیں گے پولس والے سزا ہو یا نہ ہو

مغربی ذوق ہے اور وضع کی پابندی بھی
اونٹ پر چڑھ کے جو تھیٹر کو چلے ہیں حضرت

خلافِ شرع کبھی شیخ تھوکتا بھی نہیں
مگر اندھیرے اجالے میں چوکتا بھی نہیں
(اکبر الہ آبادی)

ہندوستانی معاشرت میں میلے اور تہواروں کی بڑی اہمیت ہے۔ ہندو اور مسلمان دونوں اقوام میلے ٹھیلوں کا کوئی موقع ہاتھ سے نہ جانے دیتے تھے اور یہ تہوار کچھ جدتوں کے ساتھ آج تک کسی نہ کسی صورت منائے جاتے ہیں۔ ہندوؤں کی دیکھا دیکھی مسلمانوں نے بھی کئی تہواروں کو مذہب کا درجہ دے کر اپنے لیے کھیل تماشوں کا اہتمام کر لیا۔ مشترک ہندو مسلم رہن سہن کی وجہ سے ان کے ہاں بچوں کی پیدائش، شادی بیاہ اور خوشی کے مواقع پر مخصوص طرز عمل کا اظہار ایک حقیقت بن چکا ہے۔ شادی کے موقع پر رسمِ مائیوں، رسمِ حنا، سہرا بندی، ناچ گانا، ڈھول اور بھنگڑے اسی مشترکہ رہن سہن کے بے ہودہ تحائف ہیں جن پر عمل کرنا معاشرتی بڑائی کی علامت سمجھا جاتا ہے اور ان تقاریب پر بڑھ چڑھ کر پانی کی طرح روپیہ برباد کرنا زمانہ جہالت کی طرح قابلِ فخر و معتبری کے زمرے میں آتا ہے۔ کسی گھر میں بچے کی پیدائش پر خوب جشن منانا، چراغاں کرنا اور بچیوں کی پیدائش پر سوگ کے اظہار کا طریقہ آج تک چلا آرہا ہے۔ اودھ پنچ نے ان میلوں اور تہواروں پر دل کھول کر لکھا اور غلط طرز عمل پر سخت تنقید کی۔

عیش و عشرت اور لاپرواہی نے ملکی معاملات و مسائل سے لوگوں کی توجہ ہٹا دی تھی

اور وہ لایعنی مشغلوں میں اُلجھ کر اپنا وقت گنوانے لگے تھے۔ وہ بٹیر بازی، شراب نوشی اور افیون کے نشے میں دھت ہو کر ملک و ملت سے بڑی حد تک بیگانہ ہو گئے اور ان میں کوئی بھی مردِ معتبر تلاش کرنا جوئے شیر لانے کے برابر تھا۔ اودھ پنچ کے طنازوں نے شراب اور شراب نوشوں، بٹیر اور بٹیر بازوں کے ساتھ افیون کا نشہ کرنے والوں کو بھی خوب ہدفِ تنقید بنایا:

رہے دو گھڑی دن تو بن ٹھن کے خوب
کرو چوک کی سیر تن تن کے خوب

بٹیر ایک دو ہاتھ ہی میں رہیں
کہ تا لوگ نواب صاحب کہیں
(احمد علی شوق)

کہتے ہیں سب اس کو شراب اس آبِ شر سے دور رہ
ہو جس بشر کے پاس یہ تو اُس بشر سے دور رہ
شارب ہو گر لختِ جگر، لختِ جگر سے دور رہ
رکھ لے نظر پہ ٹھیکری، نورِ نظر سے دور رہ
تہذیب کا یہ دور ہے اس مے سے تو سرشار رہ
ہشیاریوں میں تُو مست رہ، مستی میں بھی ہوشیار رہ
(عبدالغفور شہباز)

اودھ پنچ طنز و مزاح کی سمت اکیلا نہیں چل رہا تھا بلکہ اس کے ساتھ ہی ساتھ پنچ اخبارات و رسائل کا ایک ہجوم تھا۔ اس ہجوم میں شامل کئی مزاحیہ اخبار ایسے تھے جن

میں اودھ پنچ کا اندازِ ظرافت اختیار کرنے کی کوششیں کی گئیں لیکن وہ اس کی برابری نہ کر سکے۔ اودھ پنچ کے معاصر پنچ اخبارات میں سے درج ذیل کا پتہ ملتا ہے:

نمبر شمار نام پرچہ مالک / ایڈیٹر مقام اشاعت سالِ اشاعت

۱۔ دہلی پنچ پولوی فضل دین لاہور ۱۸۸۰ء

۲۔ فتنہ / عطر فتنہ ریاض خیر آبادی گورکھپور ۱۸۸۳ء

۳۔ الپنچ مولوی سیّد رحیم الدین بانکی پور، پٹنہ ۱۸۸۵ء

۴۔ لاہور پنچ (پاٹے خاں) منشی عبد الرحمن لاہور ۱۸۸۶ء

۵۔ ملّا دوپیازہ حکیم الہ دین لاہور ۱۸۸۶ء

۶۔ ملّا جعفر زٹلی محمد بخش قادری لاہور ۱۸۸۷ء

۷۔ بمبئی پنچ بہادر عبد الصمد / عبد الحمید فرخ بمبئی ۱۸۹۶ء

۸۔ علی گڑھ پنچ جمال صابری علی گڑھ ۱۹۲۸ء

* * *

باب سوم
اکبر الہ آبادی اور ظریف لکھنوی

اودھ پنچ کے اتار چڑھاؤ کے ساتھ طنز و مزاح کے کئی بڑے نام مد و جزر کا شکار بنتے رہے اور اس کی اشاعت بند ہونے کے بعد ان کے نام کا سکہ چلنا بھی بند ہو گیا۔ لیکن اودھ پنچ کے دو شاعر ایسے ہیں جنھوں نے اس طنزیہ و مزاحیہ رسالے میں لکھنے کے باوجود اپنی الگ شناخت برقرار رکھی۔ اس کے پہلے دور میں اکبر الہ آبادی نے اپنے فن اور متنوع موضوعات کی وجہ سے عوامی و ادبی حلقوں کے ساتھ سنجیدہ طبقے میں بھی شہرت حاصل کر لی۔ اودھ پنچ کے دوسرے عہد میں جو شاعر اپنی طنز و ظرافت کے باعث معتبر ٹھہرا، وہ ظریف لکھنوی کے نام سے آج بھی دنیائے ظرافت میں زندہ ہے۔ ان دونوں شعرا کی خدمات کا مختصر احوال درج ذیل ہے:

ا۔ اکبر الہ آبادی

طنزیہ و مزاحیہ شاعری کا ذکر کیا جائے تو اکبر کا نام بے اختیار ذہن میں گونجنے لگتا ہے۔ اکبر نے طنزیہ و مزاحیہ شاعری کو تہذیب کا جامہ پہنا کر اس کو خاص و عام کے لیے قابلِ قبول بنایا اور اس طرح جدید طنزیہ و مزاحیہ شاعری کے معمار کہلائے۔ اکبر نے پہلی مرتبہ حالاتِ حاضرہ اور انسانی تہذیب و تمدن کے بے کراں موضوعات کو اپنی طنزیہ و مزاحیہ شاعری کے ذریعے زبان بخشی۔ ان کی تقلید میں طنز و مزاح کا ایک پورا دبستان

وجود میں آگیا اور عہد حاضر تک آتے آتے طنزیہ و مزاحیہ شعرا اس فن میں اپنی شناخت قائم رکھنا قابلِ فخر سمجھتے ہیں۔ اودھ پنچ کے اجرا کے ساتھ ہی اکبر کی طنزیہ و مزاحیہ شاعری کی ابتدا ہوتی ہے۔ اس سے پہلے اکبر کی شاعری طنز و مزاح سے خالی تھی۔ اس کی وجہ ڈاکٹر خواجہ محمد زکریا اپنے مقالے میں بیان کرتے ہوئے لکھتے ہیں:

"۔۔۔ اکبر نے بہت چھوٹی عمر ہی سے سرکاری ملازمتیں شروع کر دی تھیں۔ "اودھ پنچ" کے اجرا کے تین برس بعد یعنی ۱۸۷۷ء میں ان کی جوڈیشل سروس شروع ہو گئی تھی، اس لیے وہ انگریزوں کے خلاف براہِ راست کچھ کہنے کے قابل نہ تھے۔۔۔ چنانچہ "اودھ پنچ" کے اجرا سے اکبر کو خیال ہوا کہ "سانپ بھی مر جائے اور لاٹھی بھی نہ ٹوٹے" کے انداز میں لوگوں تک مخالفانہ خیالات بھی پہنچائے جا سکتے ہیں اور گرفت سے بھی بچا جا سکتا ہے۔ اسی وجہ سے وہ اس زمانے میں مزاحیہ شاعری کی طرف مائل ہوئے ورنہ ۱۸۷۷ء سے قبل ان کی شاعری طنز و مزاح سے دور تھی۔" [۱۲]

اکبر صرف ایک شخص کا نام نہیں بلکہ یہ ایک تحریک تھی جس نے معاشرے کی نبض پر ہاتھ رکھ کر اس کے ناسوروں کو دریافت کر کے ان میں سے فاسد مواد کو نکال باہر کرنے کا فریضہ انجام دیا۔ انھوں نے بہت سوچ سمجھ کر طنزیہ و مزاحیہ شاعری کے راستے کا انتخاب کیا اور ایک واضح مقصد کو سامنے رکھ کر اہلِ ہند کی رہنمائی کا بیڑا اُٹھایا۔ یہ الگ بحث ہے کہ وہ اپنی ظریفانہ شاعری کے ذریعے اصلاح کا مقصد حاصل کرنے میں کہاں تک کامیاب ہوئے۔ اس کا اظہار وہ خود ایک شعر میں اس طرح کرتے ہیں:

نہ حالی کی مناجاتوں کی پروا کی زمانے نے
نہ اکبر کی ظرافت سے رُکے یارانِ خود آرا

اکبر نے اس راہ کا انتخاب کر کے اپنے آپ کو اردو ادب کی تاریخ میں اس لحاظ سے

امر کر لیا کہ ان سے پہلے اس راہ پر چلنا کچھ زیادہ باعث تکریم و شہرت نہ تھا اور ابتذال و بے باکی نے اسے خاصا مبتذل بنار کھا تھا۔ ان کی طنزیہ و مزاحیہ شاعری کا مزید جائزہ باب سوّم میں "انور مسعود اور اکبر الہ آبادی: تقابلی مطالعہ" کے عنوان سے موجود ہے۔

ب۔ ظریف لکھنوی

ظریف لکھنوی کا تعلق سیّد گھرانے سے تھا۔ نام مقبول حسین جب کہ ظریف ان کا تخلص تھا اور لکھنؤ سے تعلق کی وجہ سے لکھنوی بھی نام کا حصہ بن گیا۔ اس طرح پورا نام سیّد مقبول حسین ظریف لکھنوی ٹھہرا۔ ادبی دنیا میں ظریف لکھنوی کے نام سے شہرت پائی اور طنز و مزاح میں اپنے وقت کے استاد کہلائے۔ ظریف کی ولادت ۲۴ فروری ۱۸۷۰ء (۲۲ ذیقعد ۱۲۸۶ھ) بروز پنج شنبہ کو "مولوی گنج" لکھنؤ میں ہوئی [۱۳] ظریف کو اپنے زمانے کے رسوم و رواج کے مطابق تعلیم دی گئی۔ عربی، فارسی اور سنسکرت میں دست گاہ حاصل کی اور انگریزی زبان کی سوجھ بوجھ بھی رکھتے تھے۔ گرد و پیش کے شاعرانہ ماحول اور خیال کی شاداب کونپلوں کی وجہ سے جلد ہی شاعری میں قافیہ پیمائی کا آغاز کر دیا۔ انیس (۱۹) سال کی عمر میں ان کی شاعری کا باقاعدہ آغاز ۱۸۸۹ء میں لکھنؤ کے ایک مشاعرے سے ہوا، جہاں پہلی مرتبہ ظریف نے مزاحیہ غزل پڑھی۔ یہ اکبر کے عروج کا زمانہ تھا اور ان کے فن کا طوطی چہار اطراف بول رہا تھا۔ اکبر عوامی مشاعروں کے شاعر تھے اور نہ ہی ایسی جگہوں پر وہ اپنا کلام سناتے تھے۔ اس کا فائدہ ظریف کو ہوا اور انھیں عوام و خواص میں شہرت اور ناموری حاصل ہو گئی۔ ظریف کی خوش مزاجی اور بذلہ سنجی نے ابتدا میں ان کو خالص مزاحیہ شاعر کے روپ میں سامنے لایا۔ ان کی شاعری کا اوّلین مقصد بھی مشاعرے کے سامعین کی تفریح طبع تھا لیکن یہ رنگ آہستہ آہستہ اصلاح کی جانب مائل ہونے لگا اور اکبر کی وفات (ستمبر ۱۹۲۱ء) کے بعد

تو یہ اصلاحی رنگ غالب آگیا۔ اسی لیے اکبر کے بعد کے زمانے کو ظریف کی طنزیہ و مزاحیہ شاعری کا زمانہ کہا جاتا ہے۔ ظریف "اودھ پنچ" کے دوسرے دور کے اہم شاعر ہیں۔ان کی مزاحیہ شاعری کی مقبولیت میں "اودھ پنچ" کا بہت بڑا کردار ہے۔اس کے ذریعے جہانِ شاعری میں ظریف کے فن کا خوب چرچا ہوا۔بقول حسین رضوی:

"۔۔۔وہ (ظریف) "اودھ پنچ" کی سربلندی کے سہارے پروان چڑھے لیکن اس کا دوسرا رخ یہ بھی ہے کہ ظریف کی شاعری اوّل دن سے اتنی معیاری تھی کہ "اودھ پنچ" کا دامن اس کے لیے کشادہ ہوگیا اور اس کے بعد تو یہ عالم ہوا کہ بنگال سے سندھ تک اور ہمالہ سے راس کماری تک، جہاں بھی شعر و سخن کے سودائی جمع ہوتے، ظریف کو دعوتِ سخن سرائی دی جاتی اور اکبر کے بعد طنز و مزاح ایک نئے قالب میں نظر آتا۔" [۱۴]

سیّد مقبول حسین ظریف کی شاعری کے دو اہم حصے ہیں۔ پہلا حصہ ان کی خالص مزاحیہ شاعری پر محیط ہے جس میں ظرافت و تفنن طبع کے ساتھ مختلف شعری حربوں سے مزاح کا رنگ پیدا کیا گیا ہے۔اس طرز کی شاعری میں اصلاحی پہلو مفقود ہے اور صرف مزاح کا چشمہ رواں دواں ملتا ہے۔ ایسی ہی مزاحیہ شاعری کی بدولت ظریف کو خالص مزاح گو شاعر کہا جاتا ہے۔ ان کی خالص مزاحیہ شاعری سے چند مثالیں درج ذیل ہیں:

پہناتے وقت کرتہ قیس کو یہ تھی دعا ماں کی
الٰہی خیر کرنا میرے بچے کے گریباں کی

خالی خولی مجمعِ عشاق تھا حقہ نہ پان

واہ اچھا انتظام محفلِ جانانہ تھا

صلہ آئینہ رو بھی صورتِ حجام لیتے ہیں
سر اُلٹے استرے سے مونڈ کر انعام لیتے ہیں

ترے کپڑوں کی لادی لادنا جب یاد کرتے ہیں
تو اکثر شب کو دھوبی کے گدھے فریاد کرتے ہیں

کہتے تھے جس کو لوگ چڑی مار ہند میں
ملک عرب میں جاتے ہی صیّاد ہو گیا

آئی یہ فصل گردش لیل و نہار سے
گورے ہزاروں مر گئے کالے بخار سے

ظریف نے اپنی شاعری میں واقعات و حالاتِ حاضرہ پر طنز و مزاح کی بنیاد رکھنے کے ساتھ الفاظ کے رد و بدل کے حربے پر ضرورت سے کچھ زیادہ زور دیا جس سے اکثر اوقات طنز کے عنصر میں تشنگی کا احساس ہوتا ہے۔ اکثر اوقات وہ جس واقعے پر طنز کے تیر چلا کر اس کی خامیوں کو نمایاں کرنا چاہتے ہیں، وہاں زبان و بیان کے تجربات میں اُلجھ کر ہدفِ طنز سے پہلو تہی کر جاتے ہیں۔ سماج کی ناہمواریوں کو طشت از بام کرتے ہوئے مقامی زبان کی تکرار ان کے اشعار سے طنز و مزاح کی خوشبو اڑا دیتی ہے جس سے کلام کا حسن مجروح ہو کر گہری سنجیدگی کی حدود بھی پھلانگنے لگتا ہے۔ بقول ڈاکٹر وزیر آغا:

"۔۔۔جہاں واقعات کی ہنگامی نوعیت کی بہ نسبت ان کے مستقل عناصر کے ظریفانہ تجزیے نے ظریف کی ظرافت کو فائدہ پہنچایا ہے وہاں زبان و بیان اور لفظی اُلٹ پھیر پر ضرورت سے زیادہ توجہ کے باعث ان کی طنز کا اُفق محدود ہو کر رہ گیا ہے۔ بے شک انھوں نے "مقامی بولی" کو اپنے اشعار میں جگہ دے کر اور چست مکالموں کی ایک مخصوص ظریفانہ کیفیت کی مدد سے نہ صرف کرداروں کو اُبھارا بلکہ مقامی رنگ کو بھی واضح کیا۔ تاہم جب یہ سلسلہ طویل ہو جاتا ہے اور مقامی بولی کا استعمال تکرار کی حد تک جا پہنچتا ہے تو اس کی شگفتگی، چستی اور تیکھا پن یقیناً روبہ زوال ہو جاتا ہے۔۔۔"[۱۵]

مقامی زبان کے بے طرح برتاؤ سے طنز و مزاح کی شدت ضرور زوال پذیر ہوئی ہے لیکن اس سے ایک فائدہ بھی ہوا کہ اس عہد کی عوامی زبان کا رنگ اپنی مخصوص ثقافت کے ساتھ کھل کر سامنے آگیا ان کی کئی نظموں میں اس کی تصویر کشی کی گئی ہے۔ سیاحتِ ظریف، شہر آشوب، الیکشن وغیرہ ان کی ایسی ہی نظمیں ہیں۔

ظریف کے کلام کا دوسرا رُخ ان کی اصلاحی شاعری کی صورت میں نظر آتا ہے۔ ظریف نے اپنے شہر سخن میں انفرادی، اجتماعی، تہذیبی، تحریکی، دینی، ادبی، معاشی اور سیاسی رویوں کی ناآسودگیوں پر ماتم کیا ہے۔ مستقل آزار کے لمحات میں ظریف نے طنز کے تیر چلانے کے ساتھ مزاح کا دامن بھی مضبوطی سے تھامے رکھا ہے۔ قوم کی بدحالی، عورتوں کی فیشن پرستی، نوجوانوں کی بے عملی، قومی لیڈروں کی دوغلی پالیس، مذہبی رہنماؤں کے قول و فعل میں تضاد اور معاشرے میں پھیلی دیگر بے اعتدالیوں پر ظریف نے بڑی جاندار چوٹیں لگائی ہیں۔ نوجوانوں کی ناعاقبت اندیشی کے بارے میں نظم "بگڑے ہوئے نوجوانوں سے!" میں یوں خطاب کرتے ہیں:

دوڑ کے گولے چرخیاں لے کر

رہیں میدان قلعہ میں دن بھر

جن کے اجداد لڑتے تھے تلوار
خلف ان کے لڑائیں پٹی دار

غیر ورزش کریں پٹا سیکھیں
آپ کنکوے لوٹنا سیکھیں

غیر میداں میں جا کے بانا ہلائیں
آپ چرخی لیے پتنگ اُڑائیں

ایک دوسری نظم "نوجوان پلٹے" کا ایک انداز دیکھیے:

ہمیں تو واقعی اظہار میں بھی شرم آتی ہے
کہ جس صورت سے لندن جا کے اکثر نوجواں پلٹے
سمندر میں ڈبو کر اپنی وضع خاندانی کو
فقط لے دے کے سوٹ اور بوٹ کالر ٹائیاں پلٹے
گزارا منچلوں نے سینما میں وقت تعلیمی
سند کی جا پہ لے کر چند تصویرِ بتاں پلٹے

سیاست کے موضوع پر ظریف نے اپنے خاص طنزیہ مزاج کو برقرار رکھا ہے۔ ان کی نظموں میں سیاست دانوں کے منفی کردار اور عوام کو بے وقوف بنا کر اپنا مطلب نکالنے والے سیاسی پنڈتوں کی بازی گریوں کا تذکرہ ملتا ہے۔ سیاسی لیڈروں کے مکر و فریب پر

ظریف کی نوحہ گری ملاحظہ ہو:

یوں کمیشن کا تماشا روز دیکھا کیجیے
ملک کے دلال بنئے اور جھگڑا کیجیے
اک طرف قومی محبت اک طرف شوقِ پلاؤ
جانِ مضطر کشمکش میں پڑ گئی کیا کیجیے

"لیڈر" کے عنوان سے ظریف کی طویل نظم اپنے عہد کے چارہ گروں کی اٹھان کا پردہ چاک کر کے انھیں عوام کے سامنے ننگا کرتی ہے۔ اس نظم میں لیڈروں کی مختلف اقسام بیان کر کے مضحک صورتحال پیدا کی گئی ہے جس سے قاری مزاح کا لطف لینے کے ساتھ اس وقت رائج زبان کے مختلف الفاظ سے بھی شناسائی حاصل کر سکتا ہے۔ ایک بند ملاحظہ کیجیے:

لیڈری کے ہیں بہر کیف بہت سے اقسام
اک وہ جن کا ہے جینے کے لیے لیڈر نام
اک وہ دعوت سے رسپشن سے فقط جن کو کام
اک وہ کام کریں اور نہ سوچیں انجام
واقف کار تو کم اور اناڑی صدہا
قوم فٹ بال ہے لیڈر رہیں کھلاڑی صدہا

مولویوں کے قول و فعل میں پائے جانے والے تضاد، دین میں رخنہ ڈال کر لوگوں کو تقسیم کرنے اور آپس میں لڑانے کی پرانی چالوں کو ظریف نے اپنے مخصوص لہجے اور علامات کے ذریعے ہدفِ تنقید بنایا ہے۔ "کفّار سے یارانہ، مالوی و مولوی، شریعت کی مہار، زبان چارہ جو ہے آج" وغیرہ اسی مضمون کو بیان کرتی ہیں۔ چند امثلہ ملاحظہ ہوں:

"مالوی و مولوی"

شخصیت بڑھ جائے جب اتنی کہ جس کی حد نہ ہو

تھے برائے نام جو نائب وہ بن بیٹھے امام

وہ شریعت ناز تھا اسلام کو جس شرع پر

یعنی خلق اللہ کے جمہور کا سادہ نظام

خود غرض اشخاص استعمال جب کرنے لگیں

حسبِ مرضی اپنے پھر قانون کو کیا اس سے کام

معنی حبل المتین کو بٹ کے رسی کی طرح

گتھیاں ہر بات میں پیدا کریں بہر عوام

ان کی یا ان کے مریدوں کی ہو جس میں منفعت

وہ حلالاً طیباً اور ماںقی ہر شے حرام

جتنے قومی سانڈ ہیں ان کو نمائش میں بلائیں

یہ بھجن منبر پہ چڑھ کر گائیں واعظ صبح شام

"شریعت کی مہار"

تیری آنکھیں بحر عیاری کے گویا دو حباب

کان جن میں کلمۂ حق کی صدائیں ناگوار

قوم کو باہم لڑا دینے میں تیری ذات فرد

میرے قومی اُونٹ اے جنگ جمل کی یادگار

پیٹ تیرا قوم کی گاڑھی کمائی کے لیے

وقف ہے کھا کر نہیں لیتا کبھی تو ڈکار

ظریف لکھنوی نے بدیسی تہذیب کو تنقید کا نشانہ بنایا ہے۔ ہندوستان میں مغربی تہذیب کی نقل کی وجہ سے مقامی اقدار کو سخت دھچکا لگا تھا اور لوگ اس کی اندھی تقلید کی جانب مائل ہو رہے تھے۔ ظریف نے نظم "نئی تہذیب" کے عنوان سے معاشرے میں پیدا ہونے والی کئی خرابیوں اور مغربی اقدار کی یلغار کے نقصانات سے عوام کو آگاہ کیا:

نئی تعلیم تو نے حافظے پر کیا اثر ڈالا
کہ یاد آتے نہیں بھولے سے بھی احکام قرآنی
حیا جامے سے باہر ہو گئی اللہ ری آزادی
ابھی تھوڑی سی بڑھنے پائی تھی تعلیم نسوانی
مساوات اس کو کہتے ہیں نئی تہذیب کیا کہنا
کہ یکساں ہو گئی صورت زنانی اور مردانی
بنایا جائے اک قانون یہ حفظان صحت کا
سول سرجن کریں بچوں کی آئندہ مسلمانی
رفاہ عام کی دو چار باتیں ہم نے بتلا دیں
نہیں تو ایسی تجویزوں کی ہے فہرست طولانی
جہاں یہ قوم کی حالت ہو پھر اس کی شکایت کیا
گراں ہے عقلمندی اور بہت ارزاں ہے نادانی

ظریف نے سیاستدان اور مولانا کے ساتھ ساتھ سماج کے ایک اور اہم کردار 'شاعر' کو بھی طنز کا نشانہ بنایا ہے۔ عہدِ ظریف کے شعرا میں کئی قسم کی خامیاں اور بدعادات پائی جاتی تھیں۔ ہر نااہل شخص جو کسی شعبۂ زندگی میں کامیاب نہ ہوتا، اپنے آپ کو شاعروں کی صف میں شامل کرنے پر اصرار کرتا۔ "مشاعرہ" کے عنوان سے ظریف کی طویل

طنزیہ نظم شاعروں کی نااہلیت کو یوں نگاہوں کے سامنے لاتی ہے کہ ان کی تمام عادات اور حرکات وسکنات کے شانہ بشانہ مشاعروں میں ان کے احوال کی تصاویر سامنے آ جاتی ہیں۔ نظم کے دو بند دیکھیے:

شکوۂ تعلیم اے ہندوستاں بیکار ہے
تو عرب کی جاہلیت کا علمبردار ہے
تھا زباں سے عشق اسکو، تو مگر بیزار ہے
شاعری کا تجھ میں ہر نااہل دعویدار ہے
تیری اردو نے زمانے بھر کی بازی مات کی
شاعر اَسّی فیصدی، تعلیم سو میں سات کی

ہے بہت تکلیف دہ شاعر کی وہ جنسِ عجیب
جو سنانے کے لیے بے چین رہتا ہو غریب
اس کو اچھا کر نہیں سکتا کوئی کامل طبیب
شاعری کی جس کو بد ہضمی ہو ہیضہ کے قریب
چاہتا ہے سب سنا دوں جو کہوں اک سال میں
مبتلا ہے شاعری کے سخت تر اسہال میں

مشاہدے کی وسعت نے ظریف کی نظموں میں اس حد تک سنجیدگی پیدا کر دی ہے کہ اکثر اوقات ہنسنے اور قہقہے لگانے کے بجائے قاری کے ذہن کے کئی دریچے ترسیلِ معانی کے وسیلۂ خیال سے وا ہو جاتے ہیں۔ الفاظ کی تراش خراش کے ساتھ اختصار آمیز اور دلآویز پیرایۂ اظہار کی فنی خوبصورتیوں نے کلامِ ظریف کی مقبولیت کو چار چاند لگا

دیے۔طنزیہ و مزاحیہ شاعری کا یہ روشن چراغ اڑتالیس سال تک جہانِ طنز و مزاح میں اپنی کرنیں پھیلا کر ۳۰ دسمبر ۱۹۳۷ء[۱۶] کو ہمیشہ کے لیے گل ہو گیا۔ان کا مجموعہ کلام 'دیوانجی' کے نام سے اہل سخن کے درمیان ایک معتبر یادگار کے طور پر موجود ہے جس سے طنز و مزاح کے شایق اپنے ذوق کی پیاس بجھاتے رہیں گے۔

***

باب چہارم

علامہ اقبال اور جوش ملیح آبادی کی طنزیہ و مزاحیہ شاعری

علامہ اقبالؒ کی طنز اور ظرافت میں سطحیت نہیں ہے۔ اس میں موجود گہری فکر قاری کو دیر تک اپنے سحر میں گرفتار کھتی ہے اور وہ اپنے گردوپیش نگاہ دوڑانے پر مجبور ہو جاتا ہے۔ ان کی طنز کا پہلا نشانہ تہذیبِ مغرب ہے۔ اس عہد میں ہندوستان کے عام لوگوں کو معاشی تباہ حالی کا سامنا تھا۔ تعلیمی ترجیحات اچانک بدل گئیں اور لوگوں کو انگریزی کی جانب مائل کیا جانے لگا۔ لڑکیوں کی تعلیم پر ضرورت سے زیادہ زور دیا گیا اور انھیں مردوں کے ساتھ نشست وبرخاست کے طریقے سکھانے کے لیے ترغیبات دی گئیں۔ مغربی معاشرت کی جھلکیاں گلی محلوں میں دکھائی دینے لگیں اور مقامی تہذیب و تمدن دقیانوسی کی علامت ٹھہرا۔ نئے طرزِ حکومت میں عوام کو حصہ دینے کے لیے کونسلیں بنائی گئیں جن میں اُلجھ کر لوگوں کی نگاہیں اصل مسائل سے ہٹ گئیں۔ الیکشن، ووٹ اور ممبری کے چکر نے آزادی کی سوچیں گم کر دیں:

اُٹھا کر پھینک دو باہر گلی میں
نئی تہذیب کے انڈے ہیں گندے
الکشن، ممبری، کونسل، صدارت

بنائے خوب آزادی نے پھندے
میاں نجار بھی چھیلے گئے ساتھ
نہایت تیز ہیں یورپ کے رندے

ہندوستاں میں جزوِ حکومت ہیں کونسلیں
آغاز ہے ہمارے سیاسی کمال کا
ہم تو فقیر تھے ہی، ہمارا تو کام تھا
سیکھیں سلیقہ اب امرا بھی "سوال" کا

سنا میں نے کل یہ گفتگو تھی کارخانے میں
پرانے جھونپڑوں میں ہے ٹھکانا دستکاروں کا
مگر سرکار نے کیا خوب کونسل حال بنوایا
کوئی اس شہر میں تکیہ نہ تھا سرمایہ داروں کا

اقبالؒ کی طنز اور ظرافت کا دوسرا بڑا موضوع ان کی اپنی قوم ہے۔ اس وقت دو طبقے اُبھر کر سامنے آ چکے تھے۔ ایک تو وہ لوگ تھے جنھوں نے اپنے آپ کو وقت کے ساتھ ڈھال لینے میں عافیت سمجھی اور انگریزی لبادہ اوڑھ لیا۔ دوسرا طبقہ وہ تھا جس نے اپنے پرانے نظامِ زندگی کو برقرار رکھا اور اسی کو اپنے لیے فخر کا باعث جانا۔ ان دونوں طبقات نے ایک دوسرے کی ضد میں اُن علوم کو بھی چھوڑ دیا جس سے ان کی زندگی میں انقلاب آ سکتا تھا۔ دونوں کے لباس، کھانے پینے کے طریقے، بات چیت کا انداز اور تعلیمی ادارے

تک جدا جدا تھے۔ ایک گروہ ہر بات میں انگریزوں کی نقل کرتا اور دوسرا کھل کر اس کی مخالفت پر کمر کس لیتا۔

علامہ محمد اقبالؒ نے اپنی طنزیہ و ظریفانہ شاعری میں مختلف حوالوں سے دونوں طبقات پر طبع آزمائی کی ہے۔ جہاں اوّل الذکر طبقے کی نام نہاد روشن خیالی پر ضربیں لگائیں وہاں طبقۂ دوم کی دقیانوسیت کو بھی نشانہ بنایا۔ جب کوئی طاقت کسی ملک پر قابض ہوتی ہے تو اس کا پہلا نشانہ آنے والی نسلوں کے ذہن و فکر کو اپنی ضروریات کے مطابق ڈھالنا ہوتا ہے اور یہ کام تعلیمی اداروں کے سپرد کیا جاتا ہے۔ مغربی تعلیم نے معاشرے سے پرانی قدروں کو ختم کرنے میں بنیادی کردار ادا کیا۔ جدید تعلیم نے ہندوستانی باشندوں کے اذہان یک لخت بدل ڈالے جن کی وجہ سے بقول اکبر لڑکے، باپ کو خبطی سمجھنے لگے۔ لڑکیاں انگریزی تعلیم کے حصول کے بعد پردے کی پابندی سے آزاد ہو کر چہار اطراف حسن کے جلوے دکھانے لگیں اور بے حیائی کو فروغ ملا۔ اقبالؒ نے اس کا منظر کا خاکہ کچھ یوں اُڑایا:

لڑکیاں پڑھ رہی ہیں انگریزی
ڈھونڈلی قوم نے فلاح کی راہ
روشِ مغربی ہے مدّ نظر
وضع مشرق کو جانتے ہیں گناہ
یہ ڈراما دکھائے گا کیا سین
پردہ اٹھنے کی منتظر ہے نگاہ

مغربی تعلیم سے بہرہ مند ہونے کے بعد جب خواتین سرِ بازار آ گئیں تو جدید خیالات کے حامی طلبا میں بھی نسوانیت نے رنگ دکھانے شروع کر دیے۔ لڑکوں کی میک اپ سے سنوری صورتیں دیکھ کر اُن کی پہچان مشکل ہو گئی کہ یہ مرد ہیں یا زن۔ عبادت گاہیں ویران ہونے لگیں اور دین کا درس دینے والے بے کار بیٹھ رہے۔ اس روش پر علامہ کہتے ہیں:

شیخ صاحب بھی تو پردے کے کوئی حامی نہیں
مفت میں کالج کے لڑکے ان سے بد ظن ہو گئے
وعظ میں فرما دیا کل آپ نے یہ صاف صاف
"پردہ آخر کس سے ہو جب مرد ہی زن ہو گئے"

مشرقی اقدار کے بدل جانے اور مغربی تہذیب کی فعالیت سے اساتذہ اور طلبہ کے درمیان احترام اور تقدس کا سلسلہ بھی دم توڑنے لگا۔ جس معاشرے میں استاد کی خدمت فرض کا درجہ رکھتی تھی وہاں جو منظر بدلا تو علامہ یہ کہنے پر مجبور ہو گئے:

تہذیب کے مریض کو گولی سے فائدہ؟
دفعِ مرض کے واسطے پِل پیش کیجیے!
تھے وہ بھی دن کہ خدمتِ استاد کے عوض
دل چاہتا تھا ہدیۂ دل پیش کیجیے!
بدلا زمانہ ایسا کہ لڑکا پس از سبق
کہتا ہے ماسٹر سے کہ "بل پیش کیجیے"!

علامہ کی طنزیہ و مزاحیہ شاعری میں ملاّ، شیخ اور واعظ خاص طور پر مطعون ٹھہرتا ہے۔ اس کردار کو پرانے خیالات کا حامی اور مشرقی تہذیب کا سب سے بڑا نمائندہ سمجھا

جاتا ہے۔ اس دور میں مولویوں کی بھی دو اقسام تھیں۔ ایک جدیدیت کے حامی تھے اور دوسرے اس کے خلاف۔ جدیدیت کے حامی اپنے فائدے کی چیزوں اور قوانین کو حلال قرار دیتے اور اسلام میں جو حلال ہیں، انگریزوں کی خوشنودی کے لیے اُن کی مخالفت سے بھی دریغ نہ کرتے۔ اس مضحکہ خیز دو عملی پر اقبالؒ اس طرح طنز کرتے ہیں:

کچھ غم نہیں جو حضرتِ واعظ ہیں تنگ دست
تہذیبِ نو کے سامنے سر اپنا خم کریں
ردّ جہاد میں تو بہت کچھ لکھا گیا
تردیدِ حج میں کوئی رسالہ رقم کریں

طنزیہ و مزاحیہ اُردو شاعری کی تاریخ میں واعظ اور مے نوش کے درمیان پائی جانے والی چپقلش کی روایت بہت پرانی ہے۔ علامہ اقبالؒ نے ان دونوں فریقوں کے درمیان بحث کا ایک مؤثر انداز اختیار کیا ہے۔ اس بحث کے آخر میں علامہ خود بھی شریک ہو جاتے ہیں جس سے کلام میں طنز کے ساتھ ظرافت کا پہلو زوردار ہو جاتا ہے:

فرما رہے تھے شیخ طریقِ عمل پہ وعظ
کفّار ہند کے ہیں تجارت میں سخت کوش
مشرک ہیں وہ جو رکھتے ہیں مشرک سے لین دین
لیکن ہماری قوم ہے محرومِ عقل و ہوش
ناپاک چیز ہوتی ہے کافر کے ہاتھ کی
سن لے اگر گوش مسلماں کا حق نیوش!
اک بادہ کش بھی وعظ کی محفل میں تھا شریک

جس کے لیے نصیحتِ واعظ تھی بارِ گوش!
کہنے لگا ستم ہے کہ ایسے قیود کی
پابند ہو تجارتِ سامانِ خورد و نوش
میں نے کہا کہ "آپ کو مشکل نہیں کوئی
ہندوستاں میں ہیں کلمہ گو بھی مے فروش"!

علامہ اقبالؒ نے مزاح کو مستقل طور پر اختیار نہیں کیا بلکہ اکبر الہ آبادی سے متاثر ہو کر اس میدان میں قدم رکھا۔ دونوں میں فنی مماثلتیں تو کم ہیں لیکن فکر و نظر کی وحدت اور مقاصد کا اشتراک انھیں قریب کر دیتا ہے۔ اقبال نے جلد ہی ظرافت کی راہ کو خیر باد کہہ دیا لیکن ان کے کلام میں طنز کی کیفیت رچ بس گئی۔ کلامِ اقبال کا طنزیہ پہلو آج بھی جاندار ہے اور اقوامِ عالم اپنے اپنے انداز میں اس سے مستفید ہو رہی ہیں۔

اختصار کے پیش نظر آخر میں کلیاتِ اقبال میں شائع شدہ ظریفانہ کلام سے چند گوہر پارے نظرِ قارئین ہیں:

تعلیمِ مغربی ہے بہت جرأت آفریں
پہلا سبق ہے، بیٹھ کے کالج میں مار ڈینگ
بستے ہیں ہند میں جو خریدار ہی فقط
آغا بھی لے کے آتے ہیں اپنے وطن سے ہینگ
میرا یہ حال، بوٹ کی ٹو چاٹتا ہوں
ان کا یہ حکم، دیکھ! مرے فرش پر نہ رینگ
کہنے لگے کہ اونٹ ہے بھدّا سا جانور

اچھی ہے گائے، رکھتی ہے کیا نوک دار سینگ

مشرق میں اصولِ دین بن جاتے ہیں
مغرب میں مگر مشین بن جاتے ہیں
رہتا نہیں ایک بھی ہمارے پلّے
واں ایک کے تین تین بن جاتے ہیں

یہ کوئی دن کی بات ہے، اے مردِ ہوش مند!
غیرت نہ تجھ میں ہو گی، نہ زن اوٹ چاہے گی
آتا ہے اب وہ دور، کہ اولاد کے عوض
کونسل کی ممبری کے لیے ووٹ چاہے گی

انتہا بھی اس کی ہے آخر خریدیں کب تلک
چھتریاں، رومال، مفلر، پیرہن جاپان سے
اپنی غفلت کی یہی حالت اگر قائم رہی
آئیں گے غسّال کابل سے، کفن جاپان سے

"اصل شہود و شاہد و مشہود ایک ہے"
غالبؔ کا قول سچ ہے تو پھر ذکرِ غیر کیا؟

کیوں اے جنابِ شیخ سنا آپ نے بھی کچھ
کہتے تھے کعبہ والوں سے کل اہلِ دیر کیا؟
ہم پوچھتے ہیں مسلمِ عاشق مزاج سے
الفت بتوں سے ہے تو برہمن سے بیر کیا؟
ہاتھوں سے اپنے دامنِ دنیا نکل گیا
رخصت ہوا دلوں سے خیالِ معاد بھی
قانونِ وقف کے لیے لڑتے تھے شیخ جی
پوچھو تو وقف کے لیے ہے جائداد بھی؟

جوش نے مزاح کو باقاعدگی سے نہیں اپنایا اس لیے ان کی شاعری میں ظرافت کی جو کرنیں روشنی پیدا کرتی ہیں ان کی مقدار بہت زیادہ نہیں ہے۔ انھوں نے روایتی مضامین پر طنز و مزاح کی بنیادیں استوار کی ہیں اور چند دیگر مسائل کو بھی ظرافت کے پردے میں آشکار کیا ہے۔ ڈاکٹر وزیر آغا ان کی شاعری پر تبصرہ کرتے ہوئے لکھتے ہیں:

"۔۔۔وہ (جوش) روایتی انداز سے ملا اور زاہد پر طنز کرتے ہیں اور ایک خالص انقلابی کی طرح مہاجن کی حرص و ہوا کا بھی مذاق اُڑاتے ہیں۔ ساتھ ہی ساتھ وہ انسان کی عالمگیر ناہمواریوں سے بھی بے نیاز نہیں رہتے۔ چنانچہ اپنی نظموں، غزلوں اور خاص طور پر اپنی رُباعیوں میں انھوں نے انتہائی دلچسپ طریق سے بہت سے انسانی مسائل پر قلم اُٹھایا ہے۔۔۔" [۱۷]

زاہد پر طنز کا تیور ملاحظہ ہو:

زاہد رہِ معرفت دکھادے مجھ کو

یہ کس نے کہا ہے کہ سزا دے مجھ کو

کافر ہوں! ہوئی یہ تو مرض کی تشخیص

اب اس کا علاج بھی بتادے مجھ کو

مہاجن جو سو بہانوں سے اپنے گاہکوں کو شکار کرتا ہے اور اصل رقم کے بجائے سود کا زیادہ متمنی رہتا ہے، اُس کا حلیہ جوش نے یوں بیان کیا ہے:

قد کی لمبائی سے اک حد تک کمر جھولی ہوئی

سر پہ چٹیا مردہ چوہے کی طرح پھولی ہوئی

کہنیاں تکیئے کے اندر وزن سے دھنستی ہوئی

چُست صدری دائرہ پر توند کے پھنستی ہوئی

ہنس کے غوطے آبِ سرد و گرم میں دیتا ہوا

قرض کے طالب کے دل کا امتحان لیتا ہوا

جوش کی نظم "رشوت" معاشرے پر طنز کا بھرپور وار ہے۔ اس نظم میں رشوت جیسے ناسور کی تباہ کاریوں اور اس کے عوام و خواص پر اثرات کو بلا تکلف اور کھل کر بیان کیا گیا ہے۔ نظم کے چند اشعار پیش ہیں:

لوگ ہم سے روز کہتے ہیں یہ عادت چھوڑیئے

یہ تجارت ہے خلافِ آدمیت، چھوڑیئے

اس سے بد تر لت نہیں ہے کوئی یہ لت چھوڑیئے

روز اخباروں میں چھپتا ہے کہ رشوت چھوڑیئے

کس کو سمجھائیں، اسے کھودیں تو پھر پائیں گے کیا

ہم اگر رشوت نہیں لیں گے تو پھر کھائیں گے کیا
قید بھی کر دیں تو ہم کو راہ پر لائیں گے کیا
"یہ جنونِ عشق کے انداز چھٹ جائیں گے کیا"
ملک بھر کو قید کر دے کس کے بس کی بات ہے
خیر سے سب ہیں، کوئی دو چار دس کی بات ہے
علت رشوت کو اس دنیا سے رخصت کیجیے
ورنہ رشوت کی دھڑلے سے اجازت دیجیے

***

حوالہ جات

۱۔   فرمان فتح پوری،ڈاکٹر،اردو شاعری اور پاکستانی معاشرہ،لاہور،الوقار پبلی کیشنز،۳۳۵۔ کے ٹو،واپڈا ٹاؤن،۲۰۰۷ء،ص ۲۸۰

۲۔   وزیر آغا،ڈاکٹر،اردو ادب میں طنز و مزاح،لاہور،مکتبہ عالیہ،اردو بازار،اشاعت نہم ۱۹۹۹ء،ص ۴۱،۴۰

۳۔   ایضاً،ص ۴۹

۴۔   انعام الحق جاوید،ڈاکٹر،اردو مزاحیہ شاعری کا آغاز و ارتقا،مشمولہ سہ ماہی پیغام آشنا،اسلام آباد،شمارہ ۲۲،جولائی تا ستمبر ۲۰۰۵ء،ص ۱۸۸،۱۸۷

۵۔   خواجہ محمد ذکریا،ڈاکٹر،اکبر الہ آبادی: تحقیقی و تنقیدی مطالعہ،لاہور،سنگِ میل پبلی کیشنز،چوک اردو بازار،۱۹۸۶ء،ص ۲۲۷

۶۔   فرمان فتح پوری،ڈاکٹر،اردو شاعری اور پاکستانی معاشرہ،ص ۲۸۲

۷۔   غلام حسین ذوالفقار،ڈاکٹر،اردو شاعری کا سیاسی اور سماجی پسِ منظر،لاہور،مطبع جامعہ پنجاب،۱۹۶۶ء،ص ۲۳۲

۸۔   وزیر آغا،ڈاکٹر،اردو ادب میں طنز و مزاح،ص ۳۱۹،۳۱۸

۹۔   ظفر عالم ظفری،ڈاکٹر، اردو صحافت میں طنز و مزاح،لاہور،فیروز سنز(پرائیویٹ)لمیٹڈ،اشاعت اوّل ۱۹۹۶ء،ص ۵۱،۵۰

۱۰۔   خواجہ محمد ذکریا،ڈاکٹر،اکبر الہ آبادی: تحقیقی و تنقیدی

مطالعہ، ص ۲۳۰

۱۱۔ حسین رضوی(وحشی محمود آبادی)،انتخابِ ظریف،دیباچہ :اکبرِ ثانی:حیات وشاعری، کراچی، اردو اکیڈمی سندھ، بار اوّل، ۱۹۷۷ء، ص ۷

۱۲۔ ایضاً، ص ۱۱،۱۰

۱۳۔ ایضاً، ص ۶

۱۴۔ وزیر آغا، ڈاکٹر، اردو ادب میں طنز و مزاح، ص ۱۱۰

۱۵۔ حسین رضوی(وحشی محمود آبادی)،انتخابِ ظریف،دیباچہ :اکبرِ ثانی:حیات وشاعری،، ص ۱۵

۱۶۔ وزیر آغا، ڈاکٹر، اردو ادب میں طنز و مزاح، ص ۱۱۷

۱۷۔ وزیر آغا، ڈاکٹر، اردو ادب میں طنز و مزاح، ص ۱۲۲

* * *